Tranformer ses émotions en attitudes positives

Données de catalogage disponibles auprès de Bibliothèque et Archives nationales du Québec

Groupe Librex inc.
Une société de Québecor Média
955, rue Amherst
Montréal (Québec) H2L 3K4
Tél. : 514 270-1746

Dépôt légal : 2016
Bibliothèque et Archives nationales du Québec

Pour en savoir davantage sur nos publications, visitez notre site : **www.quebec-livres.com**

Éditeur : Jacques Simard
Infographie : Claude Bergeron

Imprimé au Canada

Gouvernement du Québec – Programme de crédit d'impôt pour l'édition de livres – Gestion SODEC.

L'Éditeur bénéficie du soutien de la Société de développement des entreprises culturelles du Québec pour son programme d'édition.

Nous reconnaissons l'aide financière du gouvernement du Canada par l'entremise du Fonds du livre du Canada pour nos activités d'édition.

Financé par le gouvernement du Canada
Funded by the Government of Canada

Canada

DISTRIBUTEURS EXCLUSIFS :

- Pour le Canada et les États-Unis :
  MESSAGERIES ADP*
  2315, rue de la Province
  Longueuil (Québec) J4G 1G4
  Tél. : 450 640-1237
  Télécopieur : 450 674-6237
  * une division du Groupe Sogides inc.,
  filiale du Groupe Livre Québecor Média inc.

- Pour la France et les autres pays :
  INTERFORUM editis
  Immeuble Paryseine, 3, Allée de la Seine
  94854 Ivry CEDEX
  Tél. : 33 (0) 4 49 59 11 56/91
  Télécopieur : 33 (0) 1 49 59 11 33

  Service commande France métropolitaine
  Tél. : 33 (0) 2 38 32 71 00
  Télécopieur : 33 (0) 2 38 32 71 28
  Internet : www.interforum.fr

  Service commandes Export – DOM-TOM
  Télécopieur : 33 (0) 2 38 32 78 86
  Internet : www.interforum.fr
  Courriel : cdes-export@interforum.fr

- Pour la Suisse :
  INTERFORUM editis SUISSE
  Case postale 69 – CH 1701 Fribourg – Suisse
  Tél. : 41 (0) 26 460 80 60
  Télécopieur : 41 (0) 26 460 80 68
  Internet : www.interforumsuisse.ch
  Courriel : office@interforumsuisse.ch

  Distributeur : OLF S.A.
  ZI. 3, Corminboeuf
  Case postale 1061 – CH 1701 Fribourg – Suisse

  Commandes : Tél. : 41 (0) 26 467 53 33
  Télécopieur : 41 (0) 26 467 54 66
  Internet : www.olf.ch
  Courriel : information@olf.ch

- Pour la Belgique et le Luxembourg :
  INTERFORUM BENELUX S.A.
  Fond Jean-Pâques, 6
  B-1348 Louvain-La-Neuve
  Tél. : 00 32 10 42 03 20
  Télécopieur : 00 32 10 41 20 24

Louis-Georges Désaulniers
c.o., ps. éd.

Tranformer ses émotions en attitudes positives

Tests d'évaluation pour réduire le stress et éliminer vos angoisses

LES ÉDITIONS
Québec-Livres
Une société de Québecor Média

Introduction

Connaître, même sommairement, le vécu émotif est une tâche complexe. Rares sont les personnes qui pensent à réfléchir à la question. D'ailleurs, s'il survient une catastrophe ou tout autre événement malheureux, tout ce que l'on recherche, c'est un soulagement rapide de notre douleur, qui est souvent de courte durée.

C'est comme faire de l'exercice une seule fois pour être en forme ou se priver d'un dessert pour maigrir. Et le malheur revient. Mais ce n'est pas inévitable.

Il est possible d'apprendre en fournissant des efforts, ce qui peut même devenir passionnant. C'est peut-être abstrait et les résultats peuvent tarder à venir, mais ils viennent.

Nos émotions sont une source majeure de notre bien-être et de notre souffrance. En ayant une connaissance plus approfondie de celles-ci, il est possible de les augmenter ou de les réduire. Et ça peut faire beaucoup de bien.

Ce livre peut vous aider à cheminer dans cette direction. Bon travail !

Contenu

Ce livre est à la fois théorique et pratique. Il contient quelques notes théoriques, des exercices et leur corrigé, des outils pour vous aider, des instruments pour vous évaluer, des stratégies, des questions de réflexion, etc.

Il est conçu afin de vous aider à assimiler graduellement les informations qui s'y trouvent. Cela peut être une tâche plus ardue que de lire un simple document, mais je suis convaincu qu'après avoir refermé ce livre, vous serez satisfait des résultats. Soit dit en passant, vous n'y trouverez pas de longues théories complexes ni de terminologie « savante ».

Règles d'utilisation

Voici des consignes que je vous invite à suivre. Elles vous permettront de mieux profiter de votre démarche et d'atteindre plus sûrement et plus facilement vos objectifs.

- Faites un survol de la table des matières et du livre pour vous familiariser avec ce qu'il contient et ce qu'il ne contient pas.
- Pour atteindre vos objectifs : lisez quelques pages ou ne faites que quelques exercices et ne travaillez pas plus de 30 minutes à la fois ; faites ce travail quotidiennement ; faites

tous les exercices, même ceux qui vous semblent moins pertinents, car ils constituent une suite logique qui vous mènera plus sûrement au succès de votre démarche ; s'il y a lieu, corrigez-vous après chacun des exercices ; de courtes évaluations peuvent vous être proposées et celles-ci vous permettront de visualiser votre cheminement, d'évaluer vos connaissances et vos compétences, d'évaluer votre situation et de résumer le contenu.

- Vous avez probablement constaté que le contenu est volumineux. Comme il s'agit d'un instrument de référence, tout ne vous sera pas également utile. Il peut cependant être avantageux de feuilleter entièrement le livre afin d'avoir une vision globale de son contenu. Si vous vous intéressez à un point spécifique et que vous avez un besoin précis, reportez-vous au chapitre concerné, à l'aide de la table des matières.
- Ce livre est protégé par des droits d'auteur et ne peut être reproduit sans autorisation ; il est strictement réservé à un usage personnel.

Avertissements

- Vous ne trouverez pas, ici ou ailleurs, de recettes miracles qui règlent tout, rapidement et surtout sans faire le moindre effort. Le changement demande des efforts.
- Même si vous y trouverez un grand nombre d'informations, tout n'est pas là. Une étude sérieuse demande une ouverture à plusieurs autres sujets. Il pourrait vous être utile de consulter d'autres ouvrages.
- Ce livre s'adresse prioritairement au grand public, mais il peut être utile à tous ceux qui œuvrent auprès des êtres humains (* *enseignant, éducateur, professionnel, technicien*).
- Le masculin a été utilisé pour alléger le texte, mais il inclut les hommes et les femmes.
- Tous les exemples sont en caractères italiques et précédés d'un *.

Inventaire des émotions

Dans ce livre, il sera question des émotions suivantes : l'acceptation, l'admiration, l'amour, l'aversion, la confiance, la culpabilité, le découragement, la déprime, le désespoir, la dévalorisation, l'espoir, la fierté, la haine, la honte, l'horreur, l'infériorité, la joie, la méfiance, le mépris, l'orgueil, le pardon, la pitié, le regret, le remords, la résignation, le soulagement, la supériorité, la surprise et la tristesse.

Acceptation

L'acceptation est une émotion bénéfique et trop peu exploitée. Pourtant, elle aide grandement à la qualité de vie. Comme il y a inévitablement des éléments qui nous déplaisent, l'acceptation d'une situation indésirable aide à réduire la souffrance et l'hostilité. C'est un élément clé de la réduction de l'agressivité, si nuisible aux humains.

L'acceptation signifie acquiescer, donner son consentement. Les luttes intérieures sont en grande partie terminées. La personne arrive à croire que ce qui doit arriver arrive et que ce n'est la faute de personne. L'espoir n'est pas nécessairement exclu, même si la fin est certaine (* *pour une personne en fin de vie*). L'espoir implique ou non le mensonge. C'est vivre avec la situation ; c'est reconnaître ; c'est prendre ; c'est laisser faire, cesser de lutter, suivre le courant ; c'est s'abstenir de modifier ; c'est s'habituer à... ; c'est reconnaître ce qui n'est pas changeable.

L'acceptation, ce n'est pas être passif, capituler, oublier. D'autres mots sont utilisés comme synonymes, souvent à tort : évaluer, tolérer, subir, prendre ce qui est offert, s'abstenir, adhérer, être patient, se résigner, se soumettre, être tolérant. En fait, l'acceptation n'est pas synonyme d'approbation. La personne n'est pas passive. Elle agit, exerce son pouvoir sur ce qu'elle peut.

Expressions utilisées pour en parler

- « J'abdique. »
- « C'est passable. »
- « Je peux vivre avec ça. »
- « Ça se supporte. »
- « OK ! Je le prends. »
- « C'est recevable, satisfaisant. »
- « C'est correct, honnête, convenable. »
- « Ça va pour cette fois. »
- « C'est comme ça. »
- « Les choses sont comme elles sont. »
- « Je n'y peux rien. »
- « Ça pourrait être pire. »

Exercice — Mise en situation

1. Est-ce que j'accepte ce qui arrive? ______
2. Comment savoir si l'on accepte? ______

______

3. Quels sont les effets si l'on:

   accepte? ______

______

   refuse d'accepter? ______

______

4. Quels moyens, trucs, phrases peut-on utiliser pour arriver à accepter? ______

______

5. Quels sont les obstacles à l'acceptation? ______

______

Constatations

- L'acceptation est une émotion.
- On peut accepter une chose sans la connaître (* *maladie*) et même l'apprécier (* *mets, personne*).
- Il y a des événements souffrants, très difficiles, qui touchent quelques individus et parfois un grand nombre de personnes.
- Notre contrôle sur nous, sur les autres ou sur les événements est extrêmement réduit. Nous sommes en grande partie à la merci du «hasard» imprévisible. Notre choix de réaction est diminué.
- Nous pouvons accepter et être plus tolérants (* *impolitesse*).
- Nous pouvons être plus tolérants et ne pas accepter (* *douleur*).

Buts atteignables grâce à l'acceptation

- La réduction de l'hostilité, de la haine, de la frustration.
- Une acceptation plus grande de la réalité, c'est-à-dire des gens tels qu'ils sont, de nos imperfections, de nos erreurs, des événements nuisibles de notre vie, du vieillissement,

de la souffrance, de la mort, des situations sur lesquelles nous n'avons pas de contrôle, etc.

- Une fatigue moindre. La fatigue et le gaspillage d'énergie sont souvent causés par des obsessions, de l'entêtement, des résistances inutiles, dommageables et épuisantes.
- Le bien-être. Une augmentation du bien-être grâce à une réduction de la fréquence et de l'intensité des émotions nuisibles et des comportements inefficaces qu'elles entraînent.
- Le contrôle. Une augmentation du contrôle de soi relativement aux événements vécus.
- Une réduction des conflits inutiles, perdus à l'avance, trop coûteux pour les bénéfices anticipés.

Cibles, sujets visés par l'acceptation

L'acceptation peut porter sur un grand nombre d'éléments (* *goûts, préférences des autres; idées différentes; objectifs; notre ignorance de...; notre nature d'humain imparfait; émotions [comme la colère]; comportements; caractéristiques; notre corps*).

Parmi les autres exemples, on trouve: les autres, les conséquences, les événements, la gouvernance du pays, les hivers longs et rigoureux, la mort, nos réactions, une route en très mauvais état, le vieillissement, un voisin dont la maison est mal entretenue.

Bilan de la situation

Exercice

Objectifs

- Préciser ce que vous voulez.
- Évaluer vos priorités.

Directive

- Répondez spontanément aux questions suivantes.

1. Voulez-vous avoir raison ou être heureux? ____________

   Expliquez. ____________

____

2. Voulez-vous gagner ou maintenir de bonnes relations? ____________

   Expliquez. ____________

____

3. Voulez-vous avoir raison ou voulez-vous que la vérité soit acceptée, connue?

Expliquez.

4. Désirez-vous que les choses viennent à vous ou voulez-vous agir pour les obtenir?

Expliquez.

5. Voulez-vous être un combattant ou un sage?

Expliquez.

6. Comment allez-vous y arriver?

7. Est-ce utile de vous en faire autant avec ça?

Expliquez.

8. En quoi le fait de gâcher votre bonheur, d'y penser longuement va-t-il changer quoi que ce soit?

9. Est-il possible de tirer un profit, une leçon, d'apprendre de ce qui arrive?

10. N'y a-t-il aucun avantage à ce qui arrive?

Lesquels?

11. Concrètement, qu'est-ce que cela vous enlève d'important?

12. Est-il possible que ce problème offre diverses possibilités?

Lesquelles?

13. Vaut-il mieux résister ou réagir à ce qui nous arrive?

14. Complétez la question suivante.
«Est-ce que la fin de ______
pourrait être le début de ______?»
15. Une personne a fait ça, mais pouvait-elle agir autrement avec les idées qu'elle a (avait) en tête? ______

______

16. Avait-elle le droit d'agir ainsi? ______
17. Qu'est-ce qui le prouve? ______

______

18. C'est désagréable, mais êtes-vous obligé de vous fâcher? Qu'est-ce que cela va vous donner?

______

______

19. Est-ce que ça pourrait être pire? ______
Comment? ______

______

20. Est-ce que votre vie est transformée d'une façon permanente et importante?

______

21. Est-ce que cet événement est horrible, épouvantable, ou seulement désagréable, embarrassant?

______

22. Vous est-il encore possible d'être heureux? ______
23. N'y a-t-il rien que vous ne puissiez faire pour améliorer votre bien-être?

______

24. Quels aspects de votre vie sont-ils touchés? ______
Comment? ______

______

25. Les conséquences sont-elles:
❑ minimes? ❑ moyennes? ❑ graves?
Expliquez. ______

______

26. Est-ce que vous vous souviendrez de cela dans:
❑ deux mois? ❑ six mois? ❑ un an?

27. Est-ce utile de vous occuper de cela? ______

28. Puisque les conflits sont inévitables, pourquoi vous en faites-vous? ______

______

Exercice

Pourquoi aurais-je avantage à apprendre et à acquérir cette émotion ?

1. Est-ce utile pour vous d'apprendre sur ce sujet?

0 1 2 3 4 5 6 7 8 9 10

Non |———————| Oui

Justifiez votre réponse. ______

______

2. Répondez maintenant aux questions suivantes.

Est-ce que...	Non						Oui	
	0	1	2	3	4	5	6	7
1. j'accorde plus d'importance aux désagréments, à ce qui me déplaît?	○	○	○	○	○	○	○	○
2. je réagis avec excès à des frustrations inévitables?	○	○	○	○	○	○	○	○
3. je me fâche souvent?	○	○	○	○	○	○	○	○
4. je gâche inutilement de bons moments?	○	○	○	○	○	○	○	○
5. j'essaie même si c'est trop tard, impossible?	○	○	○	○	○	○	○	○
6. je rumine des événements passés?	○	○	○	○	○	○	○	○
7. je me bats pour des causes perdues?	○	○	○	○	○	○	○	○

Est-ce que...	Non				Oui			
	0	1	2	3	4	5	6	7
8. je m'accroche à des détails, à des futilités?	○	○	○	○	○	○	○	○
9. je lutte pour des principes?	○	○	○	○	○	○	○	○
10. je tente de changer des situations sur lesquelles je n'ai pas de pouvoir?	○	○	○	○	○	○	○	○
11. je veux et j'agis pour changer les autres?	○	○	○	○	○	○	○	○
12. je dramatise?	○	○	○	○	○	○	○	○
13. j'en rajoute aux problèmes existants?	○	○	○	○	○	○	○	○
TOTAL								

Corrigé

- Rejoignez consécutivement tous les points que vous avez cochés, afin de former un graphique.
- Additionnez tous les résultats (ex.: 0 + 2 + 4, etc.). Le minimum est 0 et le maximum est 7.

TOTAL: ______________

- Divisez ce résultat par le nombre total de questions, afin d'obtenir une moyenne.

TOTAL: ______________

- Reportez ce résultat ci-dessous afin de vous donner un aperçu de votre résultat.

Est-ce que j'accepte?

0 1 2 3 4 5 6 7

Non |————————————| Oui

Les êtres humains ont une tendance naturelle ou la mauvaise habitude:

- d'accorder de l'importance, et parfois d'une façon exagérée, aux éléments qu'ils trouvent nuisibles;
- de réagir négativement et parfois avec excès aux frustrations évitables et inévitables de la vie;

- de se créer inutilement de l'hostilité relativement aux désagréments de la vie, ce qui nuit à leur bonheur et à l'efficacité de leurs réactions et ajoute beaucoup à leurs malheurs ;
- de s'acharner inutilement sur des causes perdues qui n'en valent pas la peine ;
- de gaspiller beaucoup de temps, d'argent, d'énergie à essayer de changer des choses sur lesquelles ils n'ont pas de pouvoir, des personnes qui ne veulent pas changer ou des événements impossibles à changer ;
- de dramatiser, c'est-à-dire de grossir, de surestimer, ce qui leur déplaît.

Causes

- Ce qui s'est produit, se produit ou se produira devait, doit ou devra se produire.
- J'accepte telle personne ou telle chose comme elle est, pense ou agit, même si c'est différent de mes attentes.
- Tout est correct, en ordre.
- Ce qui arrive doit arriver.

Ce qu'est l'acceptation

- L'acceptation est une émotion opposée à l'hostilité.
- L'idée qui amène l'acceptation est toujours réaliste.
- Accepter ne signifie pas : décrocher, laisser faire, être indifférent, approuver, être d'accord, être passif.
- C'est possible de se résigner, de tolérer sans accepter.
- Il s'agit d'une émotion qui se manifeste par des attitudes, par des propos, par des comportements. * *Constater ce qui existe sans rien ajouter ni enlever à la réalité, aux faits.*
- Il s'agit d'une émotion parfois utile.
- Il s'agit de voir, de prendre ce qui est (c'est une absence d'influence, d'interférence) sans ajouter ou retrancher des faits.
- C'est en rester là.

Ce que n'est pas l'acceptation

- On dit et croit, parfois à tort, lorsqu'une personne fait preuve d'adhésion, de patience, de résignation, de sérénité, de soumission, de tolérance qu'elle accepte ce qui se passe, c'est-à-dire la réalité. Mais ce n'est pas toujours le cas. Le vécu émotif, la souffrance en témoignent.
- Il ne s'agit pas d'oublier ce qui est parfois difficile, de faire comme si la situation n'existait pas.

Caractéristiques

- L'acceptation ne tient pas compte des goûts, des opinions, des valeurs, des exigences des jugements. Par définition, elle est objective.
- On ne désire pas et n'exige pas que ce soit autrement.
- C'est une démarche active.
- Elle demande de l'énergie.
- Un effort est nécessaire pour s'adapter et fonctionner dans la réalité.
- La personne accepte, voit et ne nie pas la réalité. La négation est un refus de voir, de reconnaître ce qui existe. Dans le cas de l'acceptation, ce n'est pas le cas.
- Pour accepter, il n'est pas nécessaire d'aimer, d'être content, de rechercher. * *Une personne accepte son handicap, de vieillir, sa fin prochaine, etc.*
- L'acceptation suppose une liberté de choix. * *Je ne peux changer ma date de naissance, mon âge, mon sexe, etc.*
- Elle n'est pas rancune, soumission ou résignation.
- Elle est calme, sereine.

Personne en fin de vie

- La personne connaît l'inévitable. Elle dit ses derniers messages et conseils à la famille; donne ses derniers cadeaux; peut refuser des traitements; veut mourir dans son sommeil, se reposer; dit qu'elle a hâte d'en finir; cesse de lutter, abdique, laisse tomber.
- L'entourage réagit alors fréquemment en ayant peur, en fuyant, en niant ce qui arrive, en étant agressif.
- Parmi les interventions parfois utiles auprès de la personne en fin de vie, on trouve: être présent, chaleureux et silencieux; assurer le calme; écouter; faire jouer une musique douce; être discret; se rappeler que ce n'est pas notre rôle de lui faire accepter sa mort; accepter, reconnaître qu'il y a des questions auxquelles il n'y a pas de réponses (* *Pourquoi mourir? Pourquoi moi?*); apprendre à vivre avec, ne pas se battre ni se révolter; accepter que l'on ne peut rien changer au passé.

Différences entre l'acceptation et la résignation

	Acceptation	Résignation
Causes, idées	Ce qui s'est produit, se produit ou se produira devait, doit ou devra se produire. J'accepte telle personne ou telle chose comme elle est. * *Qu'elle pense ou agisse différemment de mes attentes.* Le sens de la phrase exprime que c'est correct comme cela, que ça n'avait pas à être différent.	Ce qui arrive, est arrivé ou arrivera ne doit pas, ne devait pas ou ne devrait pas arriver. Cela se passe ainsi, mais ça ne devrait pas se passer comme cela. Évaluer comme mauvais, nuisible ce qui arrive. Pour moi, ça ne devrait pas m'arriver. Il aurait été mieux que ça ne se passe pas ainsi. Voici des façons de l'exprimer: • «Je renonce»; • «Je me rends. J'abdique»; • «Je me soumets»; • «Je n'ai pas le choix»; • «J'ai fini de me battre»; • «Il faut parfois céder»; • «Il faut endurer ses peines»; • «Dans la vie, il faut se contenter de ce que l'on a»; • «Je ne peux rien y faire»; • «Je dois subir, endurer, ce qui arrive»; • «C'est souffrant, mais il n'y a rien que je puisse faire»; • «Je ne voulais pas que ça arrive»; • «Ça m'est tombé dessus et je suis dépassé»; • «Je n'ai pas de moyens pour me sortir de là»; • «Je ne peux pas me battre contre cela»; • «Je n'ai pas d'autre choix que de vivre avec ça»; • «C'est pénible, mais c'est comme ça».

	Acceptation	Résignation
Comportements	La personne agit pour: • améliorer la situation; • réduire les inconvénients; • tirer des avantages d'une situation et limiter les dégâts.	• La personne: • attend; • subit: • cède; • décroche; • endure sans agir pour améliorer les choses; • ne voit aucune option ou s'il y en a, elles sont trop ardues, coûteuses.
Effets	• Une réduction de l'hostilité, de la résistance; • pas d'ordre; • pas de pression; • plus facile à vivre pour les personnes concernées.	• Plus d'émotions nuisibles, plus intenses; • plus de souffrance; • la victimisation.

Lutte, résistance

- Lorsqu'il y a de l'anxiété, de la souffrance, des frustrations, il y a de la lutte.
- Dans un premier temps, mieux vaut souvent ne pas lutter.
- Lorsqu'on lutte, on doit être concentré, dépenser de l'énergie afin de contrôler, de se protéger et de vaincre l'ennemi. Le résultat est parfois à l'opposé de ce que l'on veut.
- Lorsqu'on accepte, on accueille: on voit et comprend mieux; on constate que c'est peu ou pas dangereux; on réalise que ça fait partie de la vie; on croit qu'on peut agir.

Effets de l'acceptation

- Lorsque des événements désagréables et inévitables se produisent (* *mort, maladie*) et sur lesquels nous avons peu ou pas de contrôle, la présence de l'acceptation peut être aidante afin de «chasser» d'autres émotions comme l'hostilité.
- Elle favorise une action plus efficace.
- Cesser de lutter contre l'inconfort aide souvent.
- L'acceptation est à la base du mieux-être et de la qualité de vie.
- Elle aide pour ce que l'on ne peut pas changer (* *notre sexe, notre âge, notre taille*).

- Globalement, l'acceptation permet : de reconnaître la réalité, l'existence de ce qui peut arriver ou arrive ; de réduire souvent la fréquence et l'intensité du problème (* *conflit, crise de panique*) ; de s'adapter plus facilement à la situation ; d'accueillir les choses telles qu'elles sont et non comme on aimerait qu'elles soient ; de prendre des décisions plus éclairées grâce à un meilleur contact avec la réalité et à une réduction de certaines émotions nuisibles ; de s'ouvrir, de réduire les blâmes et les jugements ; de diminuer les combats destructeurs ; une plus grande tolérance et une réduction des résistances.
- Sur le plan cognitif, l'acceptation permet : de réduire ses exigences ; de ne pas porter de jugement ; d'être moins catégorique (donc, de réduire la pensée dichotomique et d'être plus nuancé dans ses jugements, dans ses opinions) ; de dédramatiser ; de faciliter la prise de décisions (à savoir si ça vaut la peine ou non de tenir compte d'un fait, d'agir ou non, etc.).
- Sur le plan émotif, l'acceptation permet de faciliter le pardon et de réduire l'hostilité.
- Sur le plan comportemental, l'acceptation permet : de ralentir la course au vedettariat, à l'image ; de rendre moins probable la compétition ; de réduire la vengeance souvent pénalisante.
- Sur le plan des communications, l'acceptation permet : de ne pas s'exprimer sur..., de commenter, d'alimenter ; d'être poli plus facilement ; de s'exprimer plus facilement ; d'avoir un plus grand respect de l'autre ; l'expression de l'autre.
- Sur le plan physique, l'acceptation permet : d'arrêter la lutte, l'hostilité, la résistance ; de réduire le stress, la douleur, la perte d'énergie, l'épuisement.

Effets de la non-acceptation

- Il y a des préférences.
- Des éléments sont valorisés ou dévalorisés (* *jugés bien ou mauvais selon qu'ils correspondent à nos désirs*).
- La personne peut dramatiser, en rajouter.
- La non-acceptation contribue souvent à maintenir ou à aggraver la douleur, la perturbation, la frustration. Mieux vaut passer rapidement à l'acceptation.

Indices de l'absence d'acceptation

- Parler au conditionnel. * *J'aimerais ; il devrait, etc.*
- Être hostile, anxieux.
- Critiquer les autres.
- S'accrocher à des événements passés.
- Être perturbé par les erreurs passées.

- Fuir des situations.
- Se plaindre.
- Se croire une victime.
- Utiliser des excuses.
- Menacer.
- Bouder.
- Exagérer, dramatiser les problèmes, les obstacles, les inconvénients.
- Confondre les jugements et les faits (ne pas les distinguer).
- Continuer à évaluer, à juger.

Difficultés

- La tendance à évaluer rend difficile l'acceptation. Nous réagissons en fonction de notre évaluation et non de la réalité.
- C'est plus facile à dire qu'à faire parce que nous avons des désirs, des besoins, des préférences, etc.
- Nous avons tendance à évaluer, à comparer, à qualifier.
- Nous jugeons en fonction de nos émotions (* *amour, haine, hostilité, joie, aversion, dégoût, anxiété*).
- Le fait de mettre de côté nos désirs.
- Le fait de nous abstenir d'agir, d'influencer.
- Il est souvent utile d'accepter et plus rarement de lutter. La personne doit distinguer ce qui est le mieux pour elle dans une situation précise.
- Des personnes croient que si elles acceptent une situation, ça leur enlève le droit, la légitimité d'agir. Or, c'est faux. Pour régler un problème, nous devons accepter qu'il existe. L'acceptation de la situation est une condition essentielle à une action.
- L'acceptation d'une situation pénible peut aussi servir d'excuse à l'inaction. * *La personne se convainc que ce n'est pas grave, etc., et s'abstient d'agir pour améliorer les choses.* L'acceptation de ce qui existe est souvent souhaitable. Après, il convient de décider si nous agissons ou non en acceptant ensuite ce choix et les conséquences qui en découlent. * *Mais des personnes n'acceptent pas leur indécision, leur inaction ou ce qui s'ensuit.*
- La personne qui résiste, ne veut pas ressentir l'acceptation. Si cette émotion est présente, elle peut se sentir coupable (* *«Je ne devrais pas accepter que mon enfant fume du pot à la maison. Je suis un mauvais parent»*), dévalorisée (* *«Je suis faible d'accepter son infidélité», l'acceptation du décès de l'être aimé, d'une erreur*) ou craindre pour sa réputation, son image. Elle ne veut pas passer pour une peureuse.
- Les gens croient souvent que si on donne aux autres plus de place, c'est-à-dire laisser faire, qu'ils ne s'occupent pas du problème, ça va être pire. Souvent, ce n'est pas le cas.

Stratégies d'intervention

- Nous avons un contrôle et une possibilité de choix de comportement. * *Bien que l'émotion soit la même, les comportements sont souvent différents même si certains sont plus probables.*
- L'acceptation est plus facile si on élimine les notions du bien, du mal, du bon et du mauvais.
- Parmi les stratégies globales, on trouve : ne pas évaluer ; ne pas juger ; mettre de côté ses besoins, ses désirs ; considérer comme normal ce qui est normal ; tenter de distinguer le nuisible de l'utile dans toutes les situations ; évaluer la situation le plus objectivement possible (* *Quels sont les faits ?*) ; bannir les mots « épouvantable », « catastrophe », « terrible » et appeler les choses par leur nom (* *« Perdre une jambe » est « perdre une jambe », « un accident d'avion » est « un accident d'avion »*) ; tenter de trouver les avantages à ce qui arrive ; ne pas se comparer ; après réflexion, décider ou non de changer ces situations si ça ne correspond pas à ce qu'on veut, à ce qui nous plaît, à nos objectifs ; trouver ce qui est avantageux dans ce qui arrive.
- Parmi les stratégies spécifiques, il y a : l'acquisition d'idées réalistes et menant à l'acceptation ; la pratique de la visualisation ; le fait d'attendre que les événements arrivent ; le fait de suivre le courant, de ne pas résister, de ne pas se battre ; le changement de perspective en tentant de situer l'événement dans un processus, une série d'événements (c'est-à-dire une étape) et une évolution et en l'écrivant (* *Qu'est-ce qui a précédé ? Qu'est-ce qui va suivre ?*).

Exercice — Questions de confrontation

Directives

- Répondez aux questions suivantes en élaborant vos réponses. Au besoin, donnez-vous un court temps de réflexion avant de répondre.
- S'il y a lieu, procédez par étapes. Relisez régulièrement vos réponses et modifiez-les au besoin. Reprenez l'exercice plus tard et comparez vos réponses.

1. N'y a-t-il rien qu'on puisse changer? ______________________________

____

2. Est-il impossible de changer quelque chose? __________________________

____

3. Les événements ne peuvent-ils pas être autrement? ______

4. Puis-je faire quelque chose d'utile? ______

5. Y a-t-il une loi qui oblige les autres à agir selon mes attentes? ______

6. L'autre est-il obligé d'avoir ma vision des choses? ______

7. Est-il possible d'être trop tolérant? ______

8. Qu'est-ce que ça pourrait m'apporter d'être plus tolérant? ______

Prise de conscience — Exercice

Exercice A

- Fermez les yeux.
- Laissez venir à vous ce qui vous dérange (pensée nuisible) ; un malaise devrait s'installer.
- Les yeux fermés, serrez les poings de plus en plus, tentez d'étouffer, d'écraser cette pensée de plus en plus.

Exercice B

- Fermez les yeux.
- Concentrez-vous sur la pensée nuisible.
- Faites-lui de la place. Laissez-la s'étendre, se disperser autour de vous, vous entourer, vous envahir.

Exercice

Avantages aux événements désagréables

Directive

- Écrivez deux avantages qui pourraient résulter des événements suivants si ça arrivait et ce qui pourrait en ressortir.

Événements	Avantages
Une période de chômage.	
Une maladie.	
Une perte financière.	
Une réduction du revenu.	
Une perte de capacité.	
Le vieillissement.	
Des coûts importants pour l'éducation des enfants.	
L'obligation de changer d'auto à la suite d'un accident.	
Des rénovations urgentes à la suite d'un bris.	
Le refus de votre partenaire d'avoir des activités sexuelles.	
Un déménagement forcé.	
Des problèmes de santé qui apportent des souffrances.	
Des vacances interrompues.	
Votre conjoint vous quitte.	
Un de vos enfants vous renie, vous fuit.	
Un hiver rigoureux, très froid.	

Qualités — Exercice

Directive

- Pensez à des personnes que vous détestez et trouvez-leur des qualités (caractéristiques avantageuses) et des avantages à leur présence, à leur contact.

Noms	Qualités	Avantages
1.		
2.		
3.		
4.		
5.		

Exercice — Ce qui fait peur

Directives

- Indiquez à la gauche des éléments qui vous font peur (objets, personnes, animaux, situations, etc.).
- Puis, écrivez à la droite les avantages que ces éléments vous apportent personnellement ou à d'autres humains (leur contribution).

Ce qui me fait peur	Ce que ça apporte, ce que ça peut apporter
1.	
2.	
3.	
4.	
5.	

Ce qui me nuit

Exercice A

Directives

- Écrivez à la gauche les noms des personnes aimées, admirées.
- Puis, écrivez à la droite en quoi et comment elles ont pu ou auraient pu vous nuire.

Noms	Quoi ? Comment ?
* *Mes deux sœurs.*	• *Elles m'ont nui, m'ont dérangé, m'ont privé de... quand elles...* • *Elles auraient pu me nuire, me déranger, me priver de mes parents.*
1.	
2.	
3.	
4.	
5.	

Exercice B

Directives

- Trouvez cinq personnes à qui vous nuisez individuellement ou collectivement.
- Puis, écrivez de quelle façon vous leur nuisez.

À qui nuisez-vous ?	De quelle façon ?
1.	
2.	
3.	
4.	
5.	

Des avantages partout

Exercice

Directive

- Trouvez deux avantages à chacune des situations suivantes.

Situations	Avantages
L'obligation de déménager loin des personnes aimées.	1. 2.
La perte de votre emploi.	1. 2.
Une faillite personnelle.	1. 2.
Le fait de devenir aveugle.	1. 2.
Un divorce.	1. 2.
Le décrochage scolaire de votre enfant.	1. 2.
La mort de votre enfant.	1. 2.

Exercice

Acceptation

Objectifs

- Nommer des éléments neutres ou désirables chez certaines personnes.
- Connaître les raisons qui expliquent que ces personnes continuent dans des situations pénibles ou hésitent à en sortir.
- Prendre une décision plus éclairée.

Directive

- Écrivez à la droite des éléments qui peuvent expliquer que des personnes demeurent dans ces situations.

Des problématiques	Des éléments agréables ou neutres
Albert s'enivre «à fond» tous les vendredis soir et Marie le tolère.	
Bernard est fréquemment infidèle.	
Claude ment, cache des choses.	
Denis ne m'aime plus. Je dois faire «tous» les efforts.	
Édouard est souvent violent avec moi.	

Des problématiques	Des éléments agréables ou neutres
François en aime une autre et ne part pas parce qu'il n'est pas convaincu que ça marchera.	
Jean se drogue et fait pousser de la marijuana au sous-sol.	

Corrigé

- Albert s'enivre «à fond» tous les vendredis soir et Marie le tolère.
  Le reste du temps, il est vif, intelligent, disponible, aidant, travaillant.
- Bernard est fréquemment infidèle.
  Il est beau, séduisant, manipulateur (j'aime ça). Ça flatte mon orgueil.
- Claude ment, cache des choses.
  Vivre avec lui facilite notre situation financière.
- Denis ne m'aime plus. Je dois faire «tous» les efforts.
  Mais il est agréable, il me laisse libre. Le sexe est agréable.
- Édouard est souvent violent avec moi.
  Mais il me défend et je me sens aussi en sécurité avec lui. Il tient à moi.
- François en aime une autre et ne part pas parce qu'il n'est pas convaincu que ça marchera.
  Je suis endettée et je veux que notre relation continue encore deux ou trois ans pour que je puisse m'en sortir.
- Jean se drogue et fait pousser de la marijuana au sous-sol.
  Je l'aime.

Exercice — Capacité d'accepter

Exercice A

Objectifs

- Évaluer votre capacité d'acceptation.
- Vous connaître plus précisément.

Directive

- Tentez d'évaluer votre capacité d'accepter si ces situations vous arrivaient.

Quelle serait votre capacité d'accepter	Ma capacité est Nulle			+ ou –				Grande
	0	1	2	3	4	5	6	7
1. d'être violée?	○	○	○	○	○	○	○	○
2. que les bijoux hérités soient volés?	○	○	○	○	○	○	○	○
3. de perdre un enfant?	○	○	○	○	○	○	○	○
4. d'apprendre que votre conjoint a une amante depuis longtemps?	○	○	○	○	○	○	○	○
5. ... et qu'il s'agit de votre sœur?	○	○	○	○	○	○	○	○
6. d'être laissé par votre conjoint sans un mot d'explication?	○	○	○	○	○	○	○	○
7. de perdre une jambe dans un accident?	○	○	○	○	○	○	○	○
8. d'être volé d'un gros montant par un ami de confiance?	○	○	○	○	○	○	○	○
9. d'être interdit de conduire à cause d'une maladie?	○	○	○	○	○	○	○	○
10. d'être congédié et remplacé par l'amant de votre patronne?	○	○	○	○	○	○	○	○
11. d'être renié, rejeté par votre famille?	○	○	○	○	○	○	○	○

Exercice B

Directive

- Quelle serait votre réaction spontanée? (Soyez honnête dans vos réponses.)

Situations	Ma réaction	Efficacité		
		Nulle	Moyenne	Grande
1. D'être violée.		○	○	○
2. Que les bijoux hérités soient volés.		○	○	○
3. De perdre un enfant.		○	○	○
4. D'apprendre que votre conjoint a une amante depuis longtemps.		○	○	○
5. ... Et qu'il s'agit de votre sœur.		○	○	○
6. D'être laissé par votre conjoint sans un mot d'explication.		○	○	○
7. De perdre une jambe dans un accident.		○	○	○
8. D'être volé d'un gros montant par un ami de confiance.		○	○	○
9. D'être interdit de conduire à cause d'une maladie.		○	○	○
10. D'être congédié et remplacé par l'amant de votre patronne.		○	○	○
11. D'être renié, rejeté par votre famille.		○	○	○

Exercice C

Directive

- Écrivez la réaction la plus efficace. Soyez réaliste.

Situations	Une réaction plus efficace serait
1. D'être violée.	
2. Que les bijoux hérités soient volés.	
3. De perdre un enfant.	
4. D'apprendre que votre conjoint a une amante depuis longtemps.	
5. ... Et qu'il s'agit de votre sœur.	
6. D'être laissé par votre conjoint sans un mot d'explication.	
7. De perdre une jambe dans un accident.	
8. D'être volé d'un gros montant par un ami de confiance.	
9. D'être interdit de conduire à cause d'une maladie.	
10. D'être congédié et remplacé par l'amant de votre patronne.	
11. D'être renié, rejeté par votre famille.	

Idées utiles

- Les gens et les choses sont comme ils sont.
- C'est un détail dans ma vie.
- Ça arrive et ensuite on l'oublie, on passe à autre chose.
- Comme je ne peux pas empêcher les autres de penser et de parler, je suis mieux de les accepter comme ils sont.

- Chacun est libre de ses opinions.
- Je peux accepter les choses sans les aimer.
- Les autres ont le droit de penser différemment de moi.
- Ce que j'aime n'est pas obligatoire pour les autres.
- Il y a des événements qui vont arriver, peu importe ce que je fais.
- Je n'ai aucun contrôle sur un grand nombre d'éléments.
- Nous sommes des êtres imparfaits vivant dans un monde imparfait avec d'autres humains imparfaits.
- Rien n'est pénible, désagréable à 100 %.
- Toutes les pertes apportent des avantages, si minimes soient-ils.
- Les choses peuvent toujours être pires.
- Il est parfois utile d'affronter des choses pénibles.
- On ne peut jamais savoir avec certitude si ce qui nous arrive est bon ou mauvais.
- On ne peut jamais savoir ce qui est avantageux pour nous.
- Dramatiser les événements désagréables a pour effet de les rendre plus pénibles et d'atténuer ceux qui sont agréables.
- Les autres ont le droit de me nuire.
- La réalité n'obéit pas à mes goûts.
- Ce qui me déplaît peut exister et arriver.
- Le fait de désirer ou d'exiger que les choses soient différentes ne les fait pas changer.
- Ce qui est interdit par la nature n'arrive pas.

Les autres ne peuvent causer mon malheur émotif; ils ne peuvent me donner que des occasions.

* * *

Pratiquement tout le monde veut éliminer les émotions pénibles telles que l'anxiété, la dévalorisation. Mais rares sont les humains et les intervenants qui exploitent et favorisent la création de l'acceptation. Cette émotion est une grande oubliée.

Nous avons beaucoup d'avantages à lui rendre ses lettres de noblesse. Sa présence peut contribuer d'une façon significative à notre qualité de vie.

Admiration

L'admiration, c'est considérer, accorder une grande attention et une grande valeur à quelqu'un. C'est croire que cette personne est rare, exceptionnelle.

On trouve à la base de l'admiration nos valeurs personnelles ; les comportements, les résultats, l'image, etc., que l'on aimerait obtenir ; l'envie d'être, de faire comme.

Il s'agit d'une émotion agréable. Il est donc rarement utile de confronter les émotions agréables ou utiles.

L'admiration est souvent présente avec l'amour.

L'idée qui crée l'admiration est toujours fausse. * *Robert est un être humain parfois ordinaire, accomplissant parfois certaines choses exceptionnelles*.

Parmi les modèles, on trouve des athlètes, des politiciens, des criminels, des vedettes, les parents (pour les enfants).

Synonymes

Éblouissement, émerveillement, enthousiasme, extase, ravissement.

Expressions utilisées pour en parler

- « C'est magnifique, prodigieux ! »
- « C'est splendide, superbe ! »
- « Il est merveilleux, fantastique ! »
- « C'est extraordinaire ! »
- « C'est surprenant, mais plaisant. »
- « C'est agréable à voir. »
- « Wow ! »
- « C'est le meilleur ! »
- « Personne ne lui va à la cheville ! »

Constatations

- L'admiration peut être dirigée vers les autres ou vers soi.
- On peut s'admirer soi-même. Ça n'a souvent pas beaucoup de conséquences, sauf si ça nous conduit à ennuyer les autres, à des excès de confiance qui nous amènent à courir des risques excessifs, à nous sentir supérieurs, arrogants.

Idée qui la cause

Une personne ou une chose est très bonne, très valable, exceptionnelle, de grande valeur.

Comportements

- Imiter.
- Adopter les caractéristiques de la personne admirée (* *voix, vêtements*).

Effet

Confondre les actions et la valeur personnelle.

Questions de confrontation

Exercice

1. Les humains ont-ils une valeur variable? ______________________
2. Notre valeur peut-elle changer? ______________________
3. Le fait d'aimer, d'admirer quelqu'un augmente-t-il sa valeur? ______________________

Admiration ou envie ?

On distingue ainsi l'envie: il s'agit d'un désir soudain, vif d'avoir ou de faire quelque chose; d'un besoin que l'on a envie de satisfaire. Synonyme: convoitise. Occasion: les autres sont heureux, possèdent ceci ou cela. Effet: la personne se sent diminuée si elle n'a pas ce qu'elle désire.

Amour

Synonymes

Affection, altruisme, amitié, attachement, béguin, dévouement, fraternité, goût, passion, tendresse.

Expressions utilisées pour en parler

- «J'ai le coup de foudre.»
- «J'ai le béguin.»
- «Il me plaît.»
- «Je pense toujours à lui.»
- «Je l'aime.»
- «J'ai un penchant pour...»
- «J'aime faire cela.»
- «Je passerais ma vie à faire cela.»
- «Je ferais cela à temps plein.»
- «Cela se prend bien.»
- «C'est agréable d'être complice.»
- «Il m'aide à avancer.»
- «Il est de mon goût.»
- «Je suis attaché à lui.»
- «Il m'intéresse.»
- «Je ne peux pas m'en passer.»
- «Il me passionne.»
- «C'est chaud, c'est doux.»
- «Il me rend de bonne humeur.»
- «J'aime sa tendresse.»

- « J'ai de l'estime. »
- « Je le vois dans ma soupe. »
- « Je l'ai dans la peau. »

Mise en situation

Exercice

1. Votre ami vous donne sans raison vos fleurs préférées.

   Comment réagissez-vous ? ______________________________

   ____

   ____

2. Votre enfant s'excuse de vous avoir fait de la peine. Il vous embrasse tendrement.

   Comment réagissez-vous ? ______________________________

   ____

   ____

Constatations

- L'amour est souvent accompagné d'autres émotions : joie, confiance, désir sexuel, espoir.
- Les autres émotions peuvent être présentes individuellement, et plus ou moins intenses (* *amour élevé, confiance réduite*).
- Ces émotions s'influencent réciproquement. * *Si l'amour est élevé, ce sera plus facile de lui faire confiance.*
- Elles peuvent être plus faciles ou difficiles à créer (* *coup de foudre, temps requis pour lui faire confiance*).
- Peu de personnes réalisent, croient, savent que l'amour n'existe pas ; pour la plupart des gens, l'amour et la joie constituent deux émotions distinctes ; la joie provient de plusieurs sources.
- Beaucoup d'éléments sont confondus, interreliés avec l'amour (* *attirance, tendresse, affection, désir, admiration, estime*).

Exercice — Bilan de la situation

Répondez aux questions suivantes.

1. Est-il possible d'aimer un grand nombre de personnes, d'animaux, d'objets?

   Donnez des exemples.
2. Aimez-vous toutes les personnes de la même façon?
3. Pourquoi aimez-vous votre père et votre mère?

   Pourquoi aimez-vous votre ami?
4. Les aimez-vous de façon identique?
5. Y a-t-il des gens et des choses que vous aimez plus que d'autres?
6. Si vous n'aimez pas votre ami autant que vos parents, est-ce que cela signifie que vous ne l'aimez pas?

   Votre amour ou votre amitié n'est-il pas sincère?
7. Qu'est-ce que ça veut dire?
8. Est-ce semblable ou différent avec les autres émotions?

   Expliquez.

Évaluation

- L'évaluation de la fréquence et de l'intensité des indices peut permettre une évaluation valable de l'intensité de l'amour.

- Les manifestations physiologiques (* *palpitations*) et le fait de se priver de choses ou de personnes appréciées (* *amis*) sont probablement les indices les plus significatifs de l'intensité de l'amour.
- Une augmentation subite et importante de l'amour, sans que l'autre ait modifié ses façons d'agir, peut signifier que la personne ressent de l'insécurité et de la dévalorisation. Elle cherche à combler un vide. Elle se sent redevable, etc.
- Des indices de l'amour : vouloir ce qu'il y a de mieux pour l'autre ; du désir sexuel, de lui plaire, de le gâter, de voir à son bien-être, d'être en sa présence, de se l'accaparer, de le protéger, de le sentir, de le toucher, de le connaître davantage, de fusion, de lui ressembler, de parler de lui, de le vanter, de s'isoler à deux, de partager ses joies, de lui donner le mieux, le plus beau, d'oublier les moments difficiles ; de la peur, de l'anxiété de le perdre, de lui faire de la peine, de lui nuire, pour son bien-être, sa santé, de lui déplaire, que l'amour diminue, des conflits ; de la jalousie ; de la fierté à son contact, en sa présence ; de la joie à son contact ou en pensée ; du regret des gestes faits qui peuvent lui déplaire, l'éloigner ; de la colère, de l'hostilité envers tout ce qui peut lui nuire ; de la tristesse s'il m'ignore, de ne pas pouvoir le gâter, lui donner plus, en son absence, de ne pas avoir plus de temps avec lui ; de la confiance en lui, en ses idées ; du courage pour affronter le futur, les difficultés ; de la sympathie émotive (fait de ressentir les mêmes émotions que lui).

Joie

Origine	Exemples	Remarques
Objets.	• Nourriture. • Alcool. • Musique. • Films.	• La personne doit agir, investir, prendre l'initiative.
Possession.	• Bijoux. • Collections.	• Ce qu'il obtient découle de ce qu'il fait, de sa responsabilité.
Action.	• Conduite rapide. • Sports intenses. • Bricolage. • Exécution de tâches (* *jouer de la musique, résoudre des problèmes*). • Dormir.	

Origine	Exemples	Remarques
Personnes et leurs gestes.	• De l'affection. • Compliments reçus. • Caresses. • Massage. • Activité sexuelle.	• Parfois, la personne reçoit sans donner, sans investir.
Acceptation.	• À mes demandes. • De mes erreurs.	
Aide.	• Pour fuir la solitude. • Pour réduire mes tâches. • Pour me sécuriser, me consoler. • Pour passer le temps.	• Le coût brut est souvent moindre que pour des objets. • Le produit reçu est souvent différent de ce que les objets apportent.
Fait de répondre à des besoins, à des désirs.	• De communiquer.	• Ce que la personne reçoit est souvent jugé plus important.
Effets.	• Des occasions de dépendance, de reconnaissance. • Des émotions sont plus probables (* *hausse du désir sexuel, peur de perdre*).	• La personne croit que le plaisir est causé par la personne qui lui donne ce qu'elle veut.

- L'amour est une émotion «agréable», complexe. Elle est directement reliée à la joie que l'on éprouve à l'égard de... ou à l'occasion de...
- Sans joie, il n'y a pas d'amour. Tout amour est dans un sens, une illusion parce que la chose ou la personne ne cause pas ma joie. Elle n'en est que l'occasion qui est ici confondue avec la cause.
- Plus la personne me donne ce que je veux, plus je l'aime. L'amour est donc une grande preuve de l'égoïsme.
- Pour être aimé, il faut donner à l'autre ce qu'il veut.
- Personne ne choisit d'aimer, on aime.
- L'amour est causé par une idée irréaliste.
- L'amour à forte intensité est comparé parfois à la passion. L'amour est alors plus excessif et plus exclusif. Même s'il s'agit d'une émotion généralement agréable, elle peut conduire à des souffrances, des tourments, des idées fixes et des ruminations mentales, de la jalousie, une centration exagérée sur l'autre, un abus de sexe, de drogue, du jeu, etc.

L'équilibre mental et le sens critique peuvent être perturbés d'une façon plus ou moins marquée.

- L'émotion est présente lorsque la personne éprouve l'émotion «joie» et qu'elle associe cette émotion à sa prétendue cause (une personne, une chose ou un événement).

Occasion d'amour

Lorsque l'autre personne répond à nos désirs et nous donne une occasion de nous valoriser.

Évaluation des idées

Exercice

Objectifs

- Évaluer mon adhésion à des idées peu utiles.
- M'inciter à remplacer des idées fausses par d'autres plus utiles.

Directives

- Évaluez votre adhésion à ces idées en cochant l'endroit approprié.
- Répondez rapidement et honnêtement, c'est pour vous!
- Si vous songez à d'autres, ajoutez-les à la fin.

Croyances (Je me dis que..., je pense que...)	Faux					Vrai		
	0	1	2	3	4	5	6	7
1. J'ai de la chance d'avoir certaines personnes à mes côtés.	○	○	○	○	○	○	○	○
a)								
b)								
2. Il y a des gens sur qui je peux compter.	○	○	○	○	○	○	○	○
a)								
b)								

Croyances (Je me dis que…, je pense que…)	Faux						Vrai	
	0	1	2	3	4	5	6	7
3. Je connais des gens qui ne me déçoivent jamais.	○	○	○	○	○	○	○	○
a)								
b)								
4. J'ai du plaisir à être avec certaines personnes.	○	○	○	○	○	○	○	○
a)								
b)								
5. Je n'aime pas le quitter.	○	○	○	○	○	○	○	○
a)								
b)								
6. C'est agréable de retrouver des personnes qui m'acceptent comme je suis.	○	○	○	○	○	○	○	○
a)								
b)								
7. J'ai des contacts avec des gens qui me comprennent bien.	○	○	○	○	○	○	○	○
a)								
b)								
8. Je prends soin de la personne la plus importante : moi.	○	○	○	○	○	○	○	○
a)								
b)								
9. Des gens ont le tour de me faire plaisir.	○	○	○	○	○	○	○	○
a)								
b)								

Croyances (Je me dis que..., je pense que...)	Faux 0	1	2	3	4	5	6	Vrai 7
10. J'accepte tout de certaines personnes.	○	○	○	○	○	○	○	○
a)								
b)								
11. Pour lui ou eux, je serais prêt à faire de grandes choses.	○	○	○	○	○	○	○	○
a)								
b)								
12. Je n'hésite pas à me priver pour qu'il soit heureux.	○	○	○	○	○	○	○	○
a)								
b)								
13. Avec certaines personnes, je peux tout me permettre.	○	○	○	○	○	○	○	○
a)								
b)								
14. Sans ces personnes, ma vie serait bien triste.	○	○	○	○	○	○	○	○
a)								
b)								
15. Si je ne les vois pas, je m'ennuie d'eux.	○	○	○	○	○	○	○	○
a)								
b)								
16. Quand ils ne sont pas là, je pense à eux (et j'aime ça).	○	○	○	○	○	○	○	○
a)								
b)								

Croyances (Je me dis que…, je pense que…)	Faux				Vrai			
	0	1	2	3	4	5	6	7
17. Si j'en suis là, c'est grâce à eux.	○	○	○	○	○	○	○	○
a)								
b)								
18. Ils sont là quand j'en ai besoin.	○	○	○	○	○	○	○	○
a)								
b)								
19. Ils m'aiment comme ça.	○	○	○	○	○	○	○	○
a)								
b)								
20. Je n'envisage pas la vie sans eux.	○	○	○	○	○	○	○	○
a)								
b)								
21. Je voudrais pouvoir leur donner plus.	○	○	○	○	○	○	○	○
a)								
b)								
22. Ils passent souvent avant moi.	○	○	○	○	○	○	○	○
a)								
b)								
23. Entouré de mes choses, je me sens à l'aise.	○	○	○	○	○	○	○	○
a)								
b)								
24. Pour moi, certains objets n'ont pas de prix.	○	○	○	○	○	○	○	○
a)								
b)								

Croyances (Je me dis que..., je pense que...)	Faux 0	1	2	3	4	5	6	Vrai 7
25. Il y a des choses dont je prends un grand soin.	○	○	○	○	○	○	○	○
a)								
b)								
26. Je m'entoure de ce que j'aime.	○	○	○	○	○	○	○	○
a)								
b)								
27. Je choisis mes choses avec soin.	○	○	○	○	○	○	○	○
a)								
b)								
28. C'est chez soi qu'on est le mieux.	○	○	○	○	○	○	○	○
a)								
b)								
29. Ça me réconforte de penser à certaines personnes.	○	○	○	○	○	○	○	○
a)								
b)								
30. J'aime collectionner des choses.	○	○	○	○	○	○	○	○
a)								
b)								
31. J'ai des loisirs qui me plaisent.	○	○	○	○	○	○	○	○
a)								
b)								
32. J'aimerais faire plus d'activités.	○	○	○	○	○	○	○	○
a)								
b)								

Croyances (Je me dis que…, je pense que…)	Faux					Vrai		
	0	1	2	3	4	5	6	7
33. Il y a des choses dont je ne me lasse pas.	○	○	○	○	○	○	○	○
a)								
b)								
34. Il y a des mets dont je raffole.	○	○	○	○	○	○	○	○
a)								
b)								
35. Je paierais n'importe quel prix pour certaines choses.	○	○	○	○	○	○	○	○
a)								
b)								
36. Il y a tellement de choses que j'aimerais faire.	○	○	○	○	○	○	○	○
a)								
b)								
37. Je ne lui veux que du bien.	○	○	○	○	○	○	○	○
a)								
b)								
Écrivez d'autres idées que vous avez sur le sujet et évaluez-les.								
a)								
b)								
a)								
b)								

Pour toutes les idées que vous avez cotées 6 ou 7, écrivez dans l'espace a) une idée plus vraie qui pourrait la remplacer.

Maintenant, comparez vos réponses avec celles du corrigé. Puis, écrivez dans l'espace b) une phrase plus vraie qui pourrait vous être utile.

Corrigé (à titre indicatif)

1. Douteux.	Il y a des personnes que je trouve actuellement utiles pour moi. Je ne peux être complètement certain que ce soit le cas. Il y a des gens dont la présence me semble avantageuse. La présence de gens n'est jamais complètement utile ni complètement nuisible.
2. Vrai, faux, douteux.	Il y a des gens à qui je fais partiellement confiance. Je ne peux être certain du futur. Je peux probablement avoir accès à une certaine aide. Trop compter sur les gens est risqué et peut être une occasion de déception. Mieux vaut souvent s'occuper soi-même de ses affaires.
3. Douteux.	Vous pouvez les évaluer ainsi. Il est impossible de savoir ce qu'ils pensent et quels sont leurs gestes. C'est une évaluation imparfaite. Mon jugement à ce sujet est faux.
4. Vrai.	Nous pouvons éprouver un certain plaisir au contact de certaines personnes et grâce à leur aide. C'est cependant moi qui me cause ces émotions. Je me cause des émotions agréables avec certaines personnes.
5. Vrai.	Je peux désirer la présence d'une personne. Cette présence me semble avantageuse.
6. Vrai.	On aime habituellement être compris. Je trouve agréable et je désire être compris.
7. Faux.	Je crois être compris par certaines personnes. Je suis toujours compris partiellement. J'aime être compris de cette façon.
8. Douteux.	Vous faites des gestes qui sont avantageux pour vous et d'autres qui vous sont nuisibles. Vous prenez un certain soin de vous. La grande majorité des humains s'évaluent comme les plus importants. Quelques personnes «fanatiques» ou fortement perturbées ne croient qu'en une cause et parfois en plus d'une (* *les enfants sont les plus importants; le communisme*).
9. Vrai.	Des gens peuvent savoir ce que vous aimez. Cela vous rend plus facilement manipulable. Plusieurs plaisirs plaisent à la majorité des humains.

10. Faux.	J'accepte de certaines personnes certaines choses que je trouve avantageuses.
11. Vrai, douteux.	Que veut dire de grandes choses? En réalité, pour lui, je suis prêt à faire *certaines* choses. Faire ces gestes m'apportera, ainsi qu'à l'autre (je l'espère), certains avantages.
12. Faux.	Je me prive pour tenter d'être moi-même plus heureux. Si je me prive, c'est que j'y vois des avantages. * *Quand l'autre est heureux, je suis fier de moi, etc.* * *Je peux trouver mon bonheur à voir l'autre heureux.*
13. Faux.	Avec certaines personnes, je me permets certaines choses. Me permettre des choses peut m'apporter des avantages ou des inconvénients, selon le cas. Des gens vont accepter de moi certaines choses avec plus ou moins de satisfaction.
14. Faux.	Sans eux, je pourrais être heureux quand même. Leur présence ne cause pas mon bonheur. Je peux désirer leur présence, mais ce n'est pas essentiel à mon bonheur. Être frustré de leur absence ne cause pas de la tristesse.
15. Vrai.	C'est possible, notamment si je désire leur présence.
16. Vrai.	J'aime penser à eux. Je pense à eux à l'occasion quand ils ne sont pas là. Je trouve agréable de penser à eux.
17. Faux.	Si j'en suis là, c'est en raison d'un très grand nombre de facteurs et d'événements. Ma situation est le résultat d'un enchaînement d'événements. Plusieurs personnes, dont moi-même, ont une responsabilité relativement à ma situation.
18. Faux.	Ils sont parfois là quand j'en ai besoin. Ils répondent occasionnellement à quelques-uns de mes besoins et désirs. Certaines personnes répondent actuellement à une partie de mes besoins.
19. Faux.	Ils aiment certaines de mes caractéristiques tandis qu'ils détestent ou sont indifférents à d'autres. Ils m'acceptent partiellement.
20. Vrai.	Vous pouvez envisager cela et accepter ou refuser cette idée. Croire que la vie sans eux est impossible est faux. Je peux vivre sans eux et être heureux.
21. Vrai.	Vous pouvez penser et désirer leur donner davantage. Leur en donner plus n'est pas nécessairement utile pour eux ou pour vous.
22. Vrai.	L'ordre des choses est variable et dépend de plusieurs facteurs. Quand je les fais passer devant moi, c'est parce que j'anticipe un avantage à le faire.

23. Vrai.	Les humains aiment le confort, la routine, des objets, le connu. Je me sens plus à l'aise, plus heureux quand je suis entouré de choses que j'aime. Les objets que j'aime sont une bonne occasion de me causer des émotions agréables.
24. Faux.	Pour vous, tous les objets ont un prix plus ou moins élevé. * *Suis-je prêt à sacrifier ma vie pour...?* J'évalue différemment les choses. J'ai de la difficulté à évaluer des choses.
25. Vrai.	Les humains prennent un soin variable des choses, en fonction de la valeur qu'ils leur accordent. Les humains agissent souvent sans réfléchir et ont toutes sortes d'habitudes plus ou moins efficaces. Je prends plus ou moins soin des choses selon la valeur inexistante que je leur attribue.
26. Faux.	Je tente de m'entourer de choses que j'aime. J'atteins partiellement ce but. Il y a des choses qui me déplaisent et que je tolère (* *à cause des autres; parce que ça m'est utile*). Il y a aussi des choses que j'aime, mais que je ne peux ou ne veux pas me procurer.
27. Faux.	Je choisis des choses avec plus ou moins de soin selon différents facteurs tels que le temps disponible, l'utilité, la valeur que je leur accorde, le coût, etc. Comment choisissez-vous un crayon à mine?
28. Vrai, faux, douteux.	Tout dépend de mes idées, de l'évaluation que je fais des lieux, etc. Je peux me trouver mieux chez moi ou ailleurs. C'est une évaluation subjective que j'en fais. En ce qui me concerne, c'est chez moi que je me trouve le mieux. Est-ce le cas?
29. Faux.	Le fait de penser à certaines personnes ne me cause pas d'émotion. * *Paul est au travail*. La nature de mes idées peut me causer des émotions. * *Paul est trop souvent au travail et me néglige, ce qui cause de l'hostilité*. Certaines idées peuvent me causer des émotions agréables. J'aime avoir certaines idées.
30. Vrai.	Je peux aimer cette activité et j'en ai le droit. Collectionner des choses est pour moi une occasion de me causer des émotions agréables.
31. Vrai, douteux.	J'ai des loisirs qui me plaisent partiellement. D'autres loisirs pourraient me plaire. Je ne peux savoir si ces loisirs sont ceux qui seraient les plus agréables et utiles pour moi. J'aime les loisirs que j'ai actuellement.
32. Vrai.	Vous avez le droit d'avoir ce désir. On ne peut pas savoir si ce serait avantageux pour vous d'en avoir plus. Actuellement, je pense qu'avoir plus de loisirs serait bien pour moi.
33. Faux.	Il y a des choses dont je ne me lasse pas maintenant. Il y a des choses que j'aime et que je veux continuer à faire pour l'instant.

34. Vrai.	Il y a des mets que j'aime maintenant. Il y a des mets que j'aime plus que d'autres.
35. Faux.	Je suis prêt à investir beaucoup pour certaines choses. Les humains prennent un soin variable des choses, en fonction de la valeur qu'ils leur accordent. Les humains agissent souvent sans réfléchir et ont toutes sortes d'habitudes plus ou moins efficaces. Je prends plus ou moins soin des choses selon la valeur inexistante que je leur attribue.
36. Vrai.	Vous avez le droit d'avoir ce désir. On ne peut pas savoir si ce serait avantageux pour vous d'en avoir plus. Actuellement, je pense qu'avoir plus de loisirs serait bien pour moi.
37. Vrai, faux.	S'il me donne ce que je veux. C'est une idée temporaire et variable selon mes goûts et les caractéristiques de cette personne. Ce que je veux pour lui n'est pas nécessairement avantageux.

Comportements

- Achat de petits cadeaux ou d'objets dans le but de faire plaisir à une personne aimée.
- Gestes de galanterie, de protection, de surprotection, de considération.
- Acquisition d'objets pour me rappeler cette personne (* *photos, souvenirs*).
- Écriture de lettres, de petits mots, de poèmes.
- Verbalisation de pensées intimes.
- Surévaluation de ses qualités.
- Sous-évaluation de ses défauts.
- Pardon facile.
- Geste d'intérêt envers tout ce qui le touche (* *sa famille, son passé*).
- Longue période à y penser.
- Attention centrée sur cette personne.
- Sensation agréable à son toucher.
- Élaboration de projets pour le futur.
- Tentative pour garder un contact fréquent.
- Difficulté à se rassasier de... (* *je veux te voir plus souvent*).
- Frissons, palpitations à son contact.
- Partage, mise en commun, aide réciproque.
- Tentative pour se ressembler (* *vêtements, loisirs, goûts*).
- Longue conversation.

- Acceptation de privation ou d'un effort pour lui plaire (* *maigrir, se maquiller*).
- Renoncement à des personnes ou des choses aimées (* *sortie, boisson, sport, copain*).
- Patience.
- Grande attraction envers certaines caractéristiques (* *ses yeux*).
- Grande attention à ses humeurs et à ses émotions (* *signes de tristesse*).
- Changements pour lui plaire (* *se couper la barbe, les cheveux, parfum*).
- Acceptation de ses petits travers.
- Secrets en commun, complicité.
- Rappel des anniversaires, des souvenirs heureux en commun.
- Perte d'objectivité à son égard.
- Tentative de lui éviter des ennuis, des peines.
- Douceur dans les gestes à son égard.
- Don de conseils, d'encouragement.
- Rêve commun.
- Accès à des avantages, à de la visibilité.

Effets

- L'émotion amour a été valorisée par l'éducation et par différentes religions. * *C'est bien et beau d'aimer, il faut aimer son prochain.* Ce qui a conduit à de nombreux problèmes comme une vision faussée de cette émotion, une négation des émotions réelles, des attentes exagérées, etc.
- L'amour amène des parents à surprotéger leurs enfants, ce qui ne donne pas toujours des résultats heureux.
- Une personne qui «tombe» amoureuse aura par la suite beaucoup de difficultés à évaluer objectivement cette personne (* *sur le plan professionnel*). Si elle la connaît avant et ne commence à l'aimer qu'après, son évaluation a plus de chances d'être objective.
- Comme pour les autres émotions, l'amour peut conduire à des comportements nuisibles (* *avouer une infidélité*).
- L'amour sans la présence de la confiance risque d'être pénible.
- Il y a la tendance à se rapprocher, à aller vers l'autre, c'est-à-dire vers la personne capable de répondre à nos désirs.
- Des types d'amour et l'intensité peuvent créer des symptômes physiques.

Intervention

- Ne pas s'engager dans une discussion afin d'amener le client à faire la distinction entre l'amour et la joie.
- Ne pas dire ou tenter de convaincre que l'amour n'existe pas.
- Utiliser les mots «joie» et «plaisir» à la place du mot «amour». * *Tu as du plaisir avec... Tu es plus heureux.*

Exercice — Questions de confrontation

1. Comment cette chose ou cette personne peut-elle me causer des émotions?

2. Est-ce possible que des éléments extérieurs à moi me causent des émotions?

   Expliquez.

3. Qu'est-ce qui cause les émotions?

4. Les autres ressentent-ils la même chose à l'égard de...?

   Comment?

5. Ne serait-il pas plus exact d'affirmer que cette personne, cette chose ou cet événement est l'occasion plutôt que la cause de ma joie?

   Expliquez.

Aversion

L'aversion est une émotion fondamentale, comme le désir, dont elle est l'opposée.

L'idée qui cause l'aversion est douteuse. Elle est souvent confondue avec la haine. De plus, elle a un grand impact sur le choix d'un emploi, sur la vie sexuelle (* *la personne rejette des caresses*), etc.

Synonymes

Abjection, antipathie, dédain, dégoût, écœurement, répugnance, répulsion, sordide.

Expressions utilisées pour en parler

- «Il m'écœure.»
- «J'en ai mal au cœur.»
- «Il me donne la nausée.»
- «J'en ai des haut-le-cœur.»
- «Ça me donne envie de vomir.»
- «C'est sale, malpropre, obscène.»
- «Il est dégueulasse.»
- «Il me répugne.»
- «Je ne peux pas le sentir.»

Idée qui la cause

Cette personne, cette situation ou cette chose est mauvaise, nuisible, désavantageuse pour moi.

Exercice — Questions de confrontation

1. Est-ce que je perçois bien cette personne ou cette chose? ______

2. Est-elle réellement comme cela? ______

3. Suis-je objectif? ______

4. Est-il possible que je ne retire aucun avantage d'être en contact avec cette personne ou cette chose? ______

5. En quoi le fait que je n'apprécie pas cette personne, cette chose ou cette situation prouve-t-il qu'elle est nuisible, mauvaise, désavantageuse pour moi? ______

Confiance

La confiance fait partie des émotions désirables. Elle est inévitablement recherchée comme pour tout ce que l'on perçoit comme avantageux. Elle semble naturelle chez certains et impossible à ressentir pour d'autres. Il est facile de croire que c'est un trait héréditaire. On l'a ou on ne l'a pas. C'est évidemment une fausseté à laquelle il est utile de s'attaquer si on veut l'augmenter. La confiance résulte de l'acquisition d'idées spécifiques entendues ou observées dans notre entourage. Les expériences vécues ont contribué à la renforcer ou à l'affaiblir.

Elle n'apporte pas que des avantages. Une confiance exagérée et aveugle peut conduire à des gestes destructeurs et à une naïveté favorable aux abus. Chacun de nous a avantage à mieux la connaître.

Constatations

- La confiance est toujours partielle, instable et reliée à des sujets, à des domaines spécifiques (* *conduire une auto, piloter un avion*).
- Cette émotion peut être nuisible ou utile (* *user ou non de prudence*).
- Les idées qui la créent peuvent être réalistes ou irréalistes.
- Le fait de baser nos actions sur notre niveau de confiance est donc à risque. * *Je peux viser des objectifs trop élevés et échouer et même mettre ma vie en danger.*
- L'évaluation que je fais de ma confiance est toujours subjective, fragile.
- Le manque de confiance affecte inévitablement tous les humains à un moment quelconque de leur vie. Il y a alors un problème léger ou majeur pour eux.
- La confiance est plus ou moins longue à bâtir.
- Elle repose sur des critères (* *ne pas me mentir*).
- Tous les humains sont inévitablement exposés à une confiance fragile, faible d'une durée variable (* *un nouvel emploi*).
- Il y a des situations où la confiance est absente (* *piloter un réacteur, vaincre un lion, traverser une étendue d'eau sans savoir nager, soulever une auto*).
- Des personnes la sous-estiment, la surestiment ou peuvent la feindre.

Idées qui la créent

- Je suis capable d'obtenir le résultat que je veux.
- Cette personne ou cette chose ne me trompera pas, ne me laissera pas tomber.
- Je possède les capacités pour atteindre mes objectifs.
- Cette personne ou cette chose se conformera selon mes goûts, selon mes désirs. Elle ne me nuira pas.
- Je ne serai ni frustré, ni trompé, ni abandonné.
- Cette personne ne dit jamais de mensonge.

Exercice — Façons d'exprimer la confiance

Directives

- Cochez les énoncés que vous utilisez parfois.
- Puis, répondez aux questions.

❑	1. «Je suis capable de...»
❑	2. «Je peux le laisser aller.»
❑	3. «Avec lui, il n'y a pas de risque.»
❑	4. «On peut compter sur...»
❑	5. «J'ai bon espoir.»
❑	6. «Je devrais y arriver.»
❑	7. «Ça va tenir.»
❑	8. «C'est enfin placé.»
❑	9. «Rien ne peut m'ébranler.»
❑	10. «C'est solide comme du roc.»
❑	11. «Je n'en manquerai jamais.»

❑	12. «Le tout a bien été confirmé.»
❑	13. «Je ne peux avoir une meilleure garantie.»
❑	14. «Ça ira.»
❑	15. «Ce n'est pas grave, je me reprendrai.»
❑	16. «J'ai de l'aplomb.»
❑	17. «J'ai de l'assurance.»
❑	18. «J'ai la foi.»
❑	19. «Je me sens optimiste, en sécurité, serein.»

Écrivez trois phrases que vous vous dites quand vous vous rabaissez, dévalorisez.

1. ______________________________
2. ______________________________
3. ______________________________

Écrivez trois phrases qui pourraient les remplacer et éviter ainsi de vous rabaisser, dévaloriser.

1. ______________________________
2. ______________________________
3. ______________________________

Caractéristiques

- La supériorité amène à croire que notre valeur est plus grande. Ce n'est pas le cas de la confiance. Il n'y a pas d'abaissement des autres, de dénigrement, de comparaison avec les autres. La personne évalue sa compétence vis-à-vis de la réalisation d'une tâche.
- Les personnes qui se sentent supérieures ont habituellement confiance, mais celles qui ont confiance ne se sentent pas nécessairement supérieures. La personne confiante incite les autres à la confiance. Celle qui se croit supérieure donne aux autres des occasions de se dévaloriser et de se sentir inférieurs.
- La confiance totale ou l'absence de confiance est impossible. Il faudrait que la personne soit convaincue de sa capacité de tout faire sans peur et sans anxiété : piloter un avion, sauter en parachute, peindre une œuvre d'art ou se croire incapable de faire quoi que ce

soit (* *je doute de ma capacité de parler, je doute de ma capacité d'écrire mon nom, je doute de ma capacité de conduire une voiture*).

- Tous les gestes devraient alors être conscients et faits en présence d'anxiété. Quand la personne dit qu'elle n'a pas du tout confiance en elle, elle se trompe et généralise. Elle fait beaucoup de gestes avec confiance. Elle veut dire qu'elle aimerait faire tel ou tel geste et qu'elle n'a pas confiance de pouvoir les faire efficacement. Elle n'a pas confiance en elle pour un grand nombre de gestes. Mais parfois cela ne la dérange pas parce qu'elle n'a pas le désir de les faire (* *marcher sur un fil de fer au-dessus d'une rivière*). Le désir est habituellement sous-jacent à l'utilisation des mots «confiance» ou «absence de confiance».
- Une confiance insuffisante peut être appropriée si elle correspond à la réalité et si la situation est objectivement dangereuse. * *Je n'ai pas confiance dans ma capacité de traverser la rivière à la nage*.
- La confiance a des effets sur l'expression de ses besoins, de ses idées, de ses émotions, de ses goûts, de la reconnaissance et de l'affirmation de ses droits.

Exercice — Attitudes, idées et comportements de confiance

Objectifs

- Apaiser l'autre.
- Éviter des conflits.

Directive

- Cochez l'endroit approprié si vous utilisez ou non ces comportements.

Comportements	Non	Oui
1. Je ne me laisse pas détourner de mes objectifs.	○	○
2. Je fais ce que j'ai envie de faire malgré des désapprobations éventuelles.	○	○
3. Je m'oppose ouvertement si quelqu'un triche ou coupe la file d'attente.	○	○

Comportements	Non	Oui
4. J'interviens si des gens me dérangent abusivement (* *bruit abusif, fumer, me cacher la vue*).	○	○
5. Je dis mes idées avec conviction.	○	○
6. Je fais des réclamations si je suis mal servi.	○	○
7. Je tiens à mes idées plus que la majorité des gens.	○	○
8. Je ne me laisse pas intimider par ceux qui détiennent le pouvoir.	○	○
9. Quand je suis avec d'autres, je décide régulièrement.	○	○
10. J'aime avoir un rôle de vedette.	○	○
11. Je sais que dans la vie, c'est chacun pour soi.	○	○
12. Quand j'y crois, je m'associe aux contestations (* *syndicales, politiques, etc.*).	○	○
13. J'atteins régulièrement mes buts.	○	○
14. C'est normal de dire ce que l'on pense.	○	○
15. Changer d'idée ne m'embarrasse pas.	○	○
16. Je me sens à l'aise avec les autres.	○	○
17. Je suis égal aux autres.	○	○
18. Plaire n'est pas obligatoire.	○	○
19. Je me sens bien dans ma peau.	○	○
20. Quand je parle, je suis précis.	○	○
21. Dans mes contacts avec les autres, je me sens valorisé.	○	○
22. Les désaccords ne sont pas ennuyeux.	○	○
23. J'ai régulièrement l'impression de faire des progrès.	○	○
24. Je parle calmement.	○	○
25. Mon bonheur, c'est mon affaire.	○	○
26. J'ai du plaisir à discuter.	○	○

Comportements	Non	Oui
27. Je prends mes propres décisions.	○	○
28. C'est avantageux que tous ne pensent pas de la même façon.	○	○
29. Les autres savent ce que je pense.	○	○
30. Pour se comprendre, il est utile de se parler.	○	○
31. J'exprime franchement mes opinions.	○	○
32. Les autres ont bien le droit de ne pas m'aimer.	○	○
TOTAL		

Objectifs

- Connaître mes croyances, mes comportements, mes émotions.
- Évaluer mon degré d'adhésion à ces croyances.
- Évaluer mon niveau de confiance.

Directive

- Cochez l'endroit approprié si vous utilisez ces comportements ou non. Plus votre évaluation sera précise, plus vos résultats vous seront utiles.

Comportements	J'agis ainsi Non (Pas du tout) … + ou – … Oui (Très fort)							
	0	1	2	3	4	5	6	7
1. Je ne me laisse pas intimider par ceux que j'affronte.	○	○	○	○	○	○	○	○
2. Je me sens à l'aise avec les autres.	○	○	○	○	○	○	○	○
3. Je me sens égal aux autres.	○	○	○	○	○	○	○	○
4. Je parle calmement.	○	○	○	○	○	○	○	○
5. Les autres savent ce que je pense.	○	○	○	○	○	○	○	○
6. Quand je parle, je suis très précis.	○	○	○	○	○	○	○	○
7. J'ai le corps droit.	○	○	○	○	○	○	○	○

Comportements	J'agis ainsi Non Pas du tout			+ ou –			Oui Très fort	
	0	1	2	3	4	5	6	7
8. Les autres me connaissent.	○	○	○	○	○	○	○	○
9. Je n'ai pas peur								
d'affronter les autres ;	○	○	○	○	○	○	○	○
de la compétition ;	○	○	○	○	○	○	○	○
de faire des démonstrations devant les autres.	○	○	○	○	○	○	○	○
10. Je sens que j'ai une place et que je suis à ma place dans le groupe, l'équipe, le club.	○	○	○	○	○	○	○	○
11. Je dis mon mot dans mon entraînement (je l'influence).	○	○	○	○	○	○	○	○
12. C'est moi qui sais le mieux ce qui me réussit et ce dont j'ai besoin.	○	○	○	○	○	○	○	○
13. Je regarde les autres dans les yeux quand je leur parle.	○	○	○	○	○	○	○	○
TOTAL								

Corrigé

- Rejoignez consécutivement tous les crochets, afin de former un graphique.
- Additionnez tous les résultats (ex. : 0 + 2 + 4, etc.). Le minimum est 0 et le maximum est 7.

  TOTAL : ____________________

- Divisez ce résultat par le nombre total de questions, afin d'obtenir une moyenne.

  TOTAL : ____________________

- Reportez ce résultat sur le graphique afin de vous donner un aperçu de votre résultat.

J'éprouve cette émotion

0 1 2 3 4 5 6 7

Rarement |————————————————| Très souvent

Interprétation

La vue de votre graphique vous donne un aperçu de votre niveau de confiance. Plus la ligne tend vers la droite, plus vous éprouvez cette émotion. Plus la ligne tend vers la gauche, moins vous la ressentez.

Portez une attention particulière aux phrases dont le résultat est 0, 1 et 2. Comme il s'agit de phrases utiles, vous auriez avantage à les acquérir. Ce serait, si vous le désirez, un bon moyen d'augmenter la fréquence et l'intensité de cette émotion.

La personne qui a confiance en elle

- Atteint régulièrement ses buts.
- A du plaisir à discuter.
- Prend ses propres décisions.
- Dit ses idées avec conviction.
- Tient à ses idées plus que la majorité des gens.
- Sait que dans la vie, c'est chacun pour soi.
- Sait que c'est normal de dire ce que l'on pense.
- Sait que changer d'idée ne l'embarrasse pas.
- Se sent à l'aise avec les autres.
- Se sait égale aux autres.
- Sait que plaire n'est pas obligatoire.
- Se sent bien dans sa peau.
- Est précise quand elle parle.
- Se sent valorisée dans ses contacts avec les autres.
- Sait que les désaccords ne sont pas ennuyeux.
- A régulièrement l'impression de faire des progrès.
- Sait que son bonheur, c'est son affaire.
- Sait que pour se comprendre, il est utile de se parler.
- Sait que les autres ont bien le droit de ne pas l'aimer.
- Sait que céder est souvent méritoire.
- Sait que se battre inutilement ne sert à rien.
- Ne se laisse pas intimider par ceux qui détiennent le pouvoir.
- Fait des réclamations si elle est mal servie.
- Décide régulièrement quand elle est avec d'autres.
- Parle calmement.
- Exprime franchement ses opinions.

Idées qui nuisent à la confiance

Exercice

Directive

- Cochez les idées auxquelles vous croyez.

❑	1. Il y a trop longtemps que je suis comme ça. C'est impossible que je change.
❑	2. Il est plus facile de dire oui que de dire non.
❑	3. Très souvent, c'est mieux de ne pas s'affirmer.
❑	4. En tant que fille, adolescent, etc., il est normal de ne pas m'affirmer.
❑	5. Ils sont plus compétents que moi.
❑	6. Il ne faut pas, dans la mesure du possible, déranger les autres.
❑	7. Quand on me demande quelque chose, je dois donner une réponse immédiate.
❑	8. Se fâcher est très laid.
❑	9. Ils devraient comprendre tout ce que j'ai fait pour eux.
❑	10. Si je m'affirme, je vais avoir des ennuis.
❑	11. Je peux blesser les autres en leur disant non.
❑	12. Les femmes doivent être soumises.
❑	13. Si je ne m'affirme pas, c'est que je ne suis pas important.
❑	14. En disant oui, je contribue à la bonne entente.
❑	15. Si je dois demander, ça prouve que je suis inférieur.
❑	16. Il est plus facile pour un homme de s'affirmer.
❑	17. Les gens qui s'affirment sont nés comme cela.
❑	18. Nous devons apprendre à contrôler nos émotions.
❑	19. Quand je parle, je dis toujours des sottises.
❑	20. C'est humain de se sacrifier pour les autres.

❑	21. Quand je ne m'affirme pas, je ne vaux rien.
❑	22. Plus je dis oui, plus on m'appréciera.
❑	23. Ma valeur augmente ou diminue, si je m'affirme ou non.
❑	24. Un être soumis est un être généreux.
❑	25. Faire semblant d'aimer tout le monde est payant à long terme.
❑	26. Quand je parle, les autres s'ennuient.
❑	27. Dans la vie, nous devons endurer.
❑	28. Si je ne demande rien, je n'aurai pas à payer en double plus tard.
❑	29. Quand je refuse une demande, je rejette le demandeur.
❑	30. Si l'autre m'aime, il devinera ce que je veux.
❑	31. Si je m'affirme trop, les autres me détesteront.
❑	32. Je peux blesser les autres avec mes paroles.
❑	33. Si je m'expose publiquement, ils verront que je suis timide, stupide.
❑	34. Si on rit de ce que je dis, je ferai une crise.
❑	35. Je ne peux pas parler, je suis trop gêné.
❑	36. Si on ne me l'offre pas, c'est qu'on ne veut pas.
❑	37. C'est à eux de parler et à moi d'écouter.
❑	38. Ils vont dire que cela ne me regarde pas.
❑	39. Ils sont plus * *instruits, savants, sages...* que moi et je n'ai pas à parler.
❑	40. Si je les dérange, ils me trouveront achalant.
❑	41. Si je m'affirme, les gens penseront que je manque de savoir-vivre.

Parmi les idées précédentes, écrivez les cinq plus nuisibles auxquelles vous croyez.

1. ____________________

2. ____________________

3. ____________________

4. ____________________

5. ____________________

Qu'allez-vous faire pour ne plus y croire? ____________________

____

Émotions et comportements en l'absence de confiance

- Bâiller à cause de l'ennui.
- Se sentir seul.
- Cacher sa colère.
- S'en vouloir pour ne pas avoir dit son idée.
- Haïr les gens sûrs d'eux.
- Croire et se conduire comme un être inférieur.
- Être anxieux en public.
- Se sentir parfois humilié.
- Faire voir ses désirs plutôt que de les dire.
- Se sentir coupable de ne pas avoir parlé.
- Avoir peur de la chicane.

Comportements non verbaux de confiance

- S'avancer pour parler.
- Se pencher vers l'autre.
- Renforcer mes paroles avec des gestes (* *pointer du doigt*).
- Parler plus fort si nécessaire.
- Utiliser mon corps (* *compter sur mes doigts, toucher mon cœur, etc.*).
- M'exprimer avec mes yeux (* *regarder en l'air, plisser les yeux*).
- Gesticuler.
- Regarder l'autre dans les yeux.
- Ouvrir les mains, les bras.

Comportements non verbaux de non-confiance

- Prendre la position fermée des membres.
- S'éloigner de l'autre.
- Regarder ailleurs.
- Regarder l'heure.
- Soupirer impatiemment.
- S'abstenir de faire des gestes.
- Avoir sa main fermée crispée.
- Faire des messages verbaux et non verbaux différents.
- S'étendre sur une chaise.
- Parler à voix basse.
- Avoir le regard fuyant.
- Surveiller les réactions des autres.

Effets

- Cette émotion, tout comme pour les autres, peut aider, nuire ou affecter l'efficacité de nos gestes.
- Si la confiance est forte, elle favorise la supériorité, l'action ; si elle est faible, elle favorise l'apathie, la dépendance.
- La confiance rend des actions plus faciles et probables (* *demander, exprimer ses désirs, s'affirmer, dire son désaccord*).
- Elle donne aux autres des occasions de ressentir des émotions agréables. * *Ils se sentent confiants.*
- La confiance apporte souvent des comportements profitables (* *faire des demandes, déléguer, se fier à l'autre*).
- Une confiance inappropriée et insuffisante peut apporter de multiples problèmes tels que la dépression, des difficultés sexuelles, la dépendance excessive, des comportements agressifs et antisociaux, la déception à la suite de ses rapports avec les autres, des difficultés à obtenir ce que l'on veut, se sentir ignoré des autres, ne pas se sentir apprécié des autres.

Intervention

- Il s'agit d'une émotion «agréable» souvent utile ; on ne doit donc pas y faire face. Toutefois, il peut être utile de s'y confronter si cette émotion ne permet pas à la personne d'atteindre son objectif.
- Le passé donne parfois de bonnes indications sur ce qui peut arriver.
- Il est parfois utile d'agir afin de hausser la confiance ou de la réduire. Dans ce dernier cas, on contribue à une hausse de la peur qui est, malgré tout, parfois utile.
- Parmi les comportements utiles, on trouve : ne pas tout dire, ne pas accorder une confiance absolue, ne pas être, ou rarement, complètement transparent.

Questions de confrontation

Exercice

1. Est-ce que mon objectif est réaliste ? ____________________

   Expliquez. ____________________

   ____

2. Ai-je déjà été capable de faire ça ? ____________________

   Donnez un exemple. ____________________

   ____

3. Ai-je déjà atteint des objectifs similaires ? ____________________

   Donnez un exemple. ____________________

   ____

4. Les personnes possédant mes compétences sont-elles habituellement capables de faire ça ? ____________________

   Expliquez. ____________________

   ____

5. Qu'est-ce qui me prouve que ça se passera ainsi ? ____________________

   ____

   ____

   ____

6. Dans le passé, cette personne ou cette chose a-t-elle réagi ou répondu à mes attentes? ______

   Donnez un exemple. ______

______

7. Ai-je déjà fait ça? ______

   Donnez un exemple. ______

______

8. Ai-je déjà atteint des objectifs aussi difficiles? ______

   Donnez un exemple. ______

______

9. Y a-t-il des possibilités que ça se produise? ______

   Expliquez. ______

______

Idées réalistes en regard de la confiance

- La confiance arrive après le succès et non avant.
- On peut agir sans elle et c'est très souvent utile.
- La confiance absolue est illogique, tant envers soi qu'envers les autres.
- Ne pas s'exprimer parfaitement est inévitable pour un humain.
- Faire des erreurs ne diminue en rien une valeur inexistante.
- Un humain qui a peu confiance en lui ou a une grande confiance en lui n'est pas meilleur ou pire.
- Faire une demande aux autres n'engage qui que ce soit en rien.
- À chaque nouvelle expérience, évaluer si notre comportement est avantageux ou non, puis décider de le maintenir ou de le changer.
- Il est habituellement plus avantageux de communiquer aux autres nos désirs et limites.
- Il est impossible de plaire à tout le monde.
- Il est impossible que tout le monde aime la même chose en même temps.
- Il est avantageux d'adapter notre comportement aux circonstances (**affirmatif ou agressif*).

Culpabilité

Les humains semblent programmés génétiquement pour se créer des émotions et en ressentir. Peu importe l'époque et la culture, qui n'a pas dans sa vie ressenti de l'anxiété, de la colère, du découragement? Nous convenons tous qu'il ne s'agit pas d'émotions très agréables.

Et comme si ce n'était pas assez, des humains ont enseigné à d'autres à se créer d'autres émotions. On peut croire que leurs mobiles n'étaient pas nécessairement et toujours de nuire aux autres. Certains étaient motivés par des motifs plus nobles.

La culpabilité a été prônée et utilisée abondamment par les religions, par les parents, par les éducateurs, etc. Le but était de manipuler et de contrôler les autres afin de les amener à adopter des comportements profitables à ces vendeurs et prêcheurs de tout acabit.

On ne peut prétendre qu'il n'y a eu que des inconvénients. La société et certaines personnes en ont parfois profité. Mais est-ce que cette stratégie a été efficace? Quel en a été le coût? Aurait-on pu utiliser d'autres moyens?

Nous n'aurons jamais de réponses claires et définitives à ces questions. Toutefois, ça ne justifie pas notre aveuglement et notre soumission devant des gens et des doctrines qui sont discutables.

Mieux vaut apprendre, réfléchir, connaître la culpabilité et ses effets. Nous serons alors davantage en mesure de prendre des décisions plus éclairées. C'est à chacun de nous de choisir «l'étoile», «la lumière» que l'on veut suivre. Dans bien des cas, la souffrance découlant de la culpabilité pourrait être éliminée ou à tout le moins atténuée.

* * *

La culpabilité est une émotion jugée désagréable qui vient de soi vers soi. C'est une réaction affective consécutive à la transgression d'une règle réelle ou imaginaire en action ou en pensée. Il s'agit d'une forme de jugement négatif que l'on porte sur soi ou sur ses agissements. La personne est en désaccord avec elle-même.

La culpabilité est un outil de manipulation très efficace et très utilisé pour amener des gens à se conduire à notre avantage, comme nous le voulons et à leur désavantage. * *J'amène une personne détestée à faire des gestes qui vont lui nuire; dire sa façon de penser à son patron*. Cette émotion peut être ressentie à propos d'événements passés, présents ou futurs. * *Je me sens coupable parce que je sais que je n'arrêterai pas de fumer*. L'idée qui cause la culpabilité est toujours irréaliste.

Synonymes

Regret, remords, repentir.

Expressions utilisées pour en parler

- «J'ai compris trop tard.»
- «Je m'en excuse.»
- «Je m'en veux assez.»
- «Il s'en mord les doigts.»
- «C'est ma faute.»
- «Je n'aurais pas dû dire cela.»
- «Si j'avais fait plus attention.»
- «J'aurais pu agir mieux.»
- «Si j'avais étudié davantage.»
- «Si je lui avais expliqué.»
- «Je récolte ce que j'ai semé.»

Exercice — Mise en situation

1. Vous arrive-t-il de vous sentir coupable? ____________________
2. À quelles occasions? ____________________
3. Comment vous sentez-vous dans ces moments-là? ____________________
4. Est-il possible de vivre ces événements sans vous sentir coupable? __________
5. À quoi peut bien penser quelqu'un qui se sent coupable? ____________________

6. Quelle est la différence entre responsable et coupable? ______

______

7. Une personne laisse l'autre et se sent coupable. Ensuite, elle apprend que la personne laissée est heureuse. Sa culpabilité disparaît. Pourquoi? ______

______

Constatations

- L'usage de la culpabilité vise souvent un objectif sain, louable.
- La culpabilité est fréquente et peut durer même après que la personne a réparé l'erreur, s'est excusée, a compensé.
- Elle est possible même si la personne a agi efficacement, a réussi, n'avait pas le choix, n'était pas responsable, n'avait pas de pouvoir, de contrôle.
- La culpabilité se développe souvent dans le secret, à notre insu.
- On peut se culpabiliser à propos de détails, d'insignifiances (* *ne pas faire son lit, ne pas visser le bouchon sur le tube de dentifrice*).
- Les humains ont des valeurs flexibles et variables.
- Les comportements témoignent de la présence et de la force des valeurs.
- Des personnes classent les humains en trois catégories: 1. les saints: ils ne font rien de mal et n'ont rien à se reprocher, leurs erreurs sont absentes ou banales; 2. les pécheurs repentants: ils ont mal agi, mais ils se sentent coupables, ils demandent pardon et expient leurs fautes; 3. les méchants: ils agissent mal et ne se sentent pas coupables. La culpabilité apporte une supposée valeur, une dignité aux pécheurs repentants. Faute d'être dans la catégorie des saints, certains préfèrent entretenir la culpabilité. Ça leur évite d'être des méchants, c'est-à-dire des affreux, des personnages méprisants. Se sentir coupables leur évite d'être dans cette catégorie.
- La mésestime de soi et la culpabilité sont souvent associées.
- Des personnes s'accrochent à leur culpabilité parce qu'elles la perçoivent comme une mesure de protection. Elles ont peur de commettre toutes sortes d'actes répréhensibles et nuisibles. Beaucoup d'ennuis pourraient en résulter pour elles et de mal pour les autres. Ces personnes oublient que les humains sont avant tout guidés par la perception des avantages.
- Les personnes coupables se causent du mal inutilement, se privent de plaisir légitime et font des gestes nuisibles (* *mentir à certaines occasions*).
- La culpabilité provient d'idées fausses. * *Je n'aurais pas dû, je suis mauvais, je mérite une punition*.
- Se croire mauvais n'incite pas à changer.

- Plusieurs personnes croient que si le comportement jugé mauvais est intentionnel, la culpabilité est saine. Si c'est accidentel, c'est le contraire. Même s'il y avait intention, la personne va souvent rationaliser, s'excuser. * *J'ai été éduqué comme cela.*
- Ce n'est pas parce que certaines personnes ou un grand groupe d'individus déclarent que quelqu'un est coupable qu'il l'est.
- La nature permet des choses et en interdit d'autres. Elle ne juge pas nos gestes.
- Les humains se trompent souvent dans leur évaluation. Ils ne peuvent pas deviner l'avenir.
- Quand une personne fait une erreur, c'est involontaire et inconscient. Dans tous les cas, elle croit qu'il est avantageux d'agir ainsi.
- Le remords, la culpabilité sont des outils précieux lors des enquêtes policières. * *La personne ment et ça paraît.*
- Des gens se sentent libres, bien, seulement quand ils sont malades. Alors, ils ne se sentent pas coupables de ne pas être au service de l'autre.
- Les humains ne sont pas coupables de leurs gestes ou de leurs omissions.
- L'enchaînement des causes et des effets échappe à notre contrôle et à notre esprit.
- L'idée de faute amène la culpabilité et la dépression.
- Les humains se blâment, même si ce qui arrive devait arriver.
- Mieux vaut apprendre, réparer que de se culpabiliser.

Responsabilisation et culpabilité

- La responsabilisation est distincte de la culpabilité.
- Elle peut être présente, mais ce n'est pas inévitable. On peut avoir l'une ou l'autre.
- La responsabilisation peut servir à se valoriser, à se déculpabiliser, à s'éviter des problèmes, des conséquences désagréables.

Sexualité et culpabilité

- La culpabilité est fréquente en regard de la sexualité.
- On peut se sentir coupable de tout, incluant la sexualité (* *gestes faits ou non*).
- Beaucoup de messages contradictoires ont été véhiculés. * *Le sexe est correct, mais pas avant le mariage ; on peut avoir des activités sexuelles, mais pas n'importe quand ni avec n'importe qui ; notre corps doit être aimé, mais il faut le cacher, ne pas le montrer ; le sexe est un devoir et non un plaisir ou pas trop ; on peut se servir de son corps, mais pas pour faire n'importe quoi ; il y a des caresses correctes et d'autres mauvaises.*

- La culpabilité nuit grandement au plaisir sexuel. * *Si j'en profite abondamment, je me sens coupable (putain, maquereau, cochon, obsédé).*
- Il arrive souvent que la culpabilité découle de l'obtention du plaisir. La personne peut réessayer pour se convaincre, mais son plaisir est toujours réduit. Elle ne réalise pas que c'est causé par la culpabilité.
- Les personnes qui se sentent facilement coupables sont souvent centrées sur la prochaine activité sexuelle afin de modifier leurs comportements. Elles ne voient pas le lien entre leurs idées irréalistes et leurs comportements, entre les valeurs acquises de leurs parents et les leurs. Elles ne réfléchissent pas à leur validité.
- Des personnes se sentent coupables d'avoir des activités sexuelles (* *avant d'être marié, avec plusieurs partenaires, tout en ayant une relation stable*). Elles croient que la culpabilité disparaîtra après le mariage, avec la fidélité. C'est faux, les idées sont toujours présentes.
- Parmi les effets, il y a : soumettre le sexe à de nombreuses conditions (* *après le travail, la pelouse, la douche, une émission de télévision, en l'absence des enfants, à certains moments de la semaine*) ; trouver des prétextes pour ne pas s'amuser, se laisser aller ; trouver des défauts (* *l'orgasme est correct, mais les préliminaires trop courts ; les préliminaires sont bons, mais la pénétration ordinaire*) ; ne pas encadrer ou planifier les activités sexuelles (* *téléphone débranché*) ; s'excuser pour tout ; avoir des relations sexuelles par obligation ou par devoir, ce qui affecte le désir à la baisse ; susciter l'inhibition (arrêt, blocage faisant obstacle à l'expression) qui tend à se généraliser à d'autres secteurs de la vie ; avoir des compulsions sexuelles pour se convaincre que la personne est correcte et dans le but de confronter cette difficulté (* *affronter ses peurs, vaincre la peur ; faire ce que mes parents m'interdisent*).

Caractéristiques

- On peut se sentir coupable, s'en vouloir pour des gestes faits ou non faits, utiles, aidants ou nuisibles, sans effets, qu'il est normal de faire (* *se caresser*), autorisés ou non, ou pour des éléments réels ou imaginaires.
- Se sentir coupable est différent de reconnaître une erreur. Accepter que je suis un humain et que je n'ai pas fait le bon geste ou que je n'ai pas pris la bonne décision est en lui-même un geste utile et intelligent. Il favorise l'apprentissage par l'expérience. Mais croire que j'avais l'obligation d'agir autrement est faux parce que ce n'est pas inscrit dans la réalité.
- La culpabilité est intimement liée à la morale, aux principes.
- Elle est souvent accompagnée d'anxiété, de déprime, de dévalorisation personnelle, de tristesse.
- La personne qui se culpabilise voudrait être équipée de mécanismes anti-erreurs. Elle se prend pour une autre, pour un Dieu parfait qui ne doit pas commettre d'erreurs.

- Comme pour les autres émotions, son intensité peut être variable.
- La culpabilité est fréquente et est très utilisée en publicité.
- Elle est perçue à tort comme une sécurité, un obstacle contre les «mauvais» comportements.
- Elle se produit habituellement après que l'action ou l'abstention a eu lieu. Je peux aussi me sentir coupable pour une action que je sais que je ne ferai pas ou que je ferai.
- Ce n'est pas parce que certaines personnes déclarent que quelqu'un est coupable qu'il l'est. C'est en fait un jugement porté sur d'autres.
- Le fait d'avoir commis un geste interdit ne cause pas la culpabilité. Si c'était le cas, tous ceux qui ont fait de tels gestes se sentiraient coupables.
- La nature permet des choses et en interdit d'autres. Elle ne juge pas nos gestes.
- Les humains se trompent souvent dans leur évaluation. Ils ne peuvent deviner l'avenir.
- Quand une personne fait une erreur, c'est involontaire et inconscient. Dans tous les cas, elle croit qu'il est avantageux d'agir ainsi.
- Il n'existe pas de saine culpabilité, c'est-à-dire qui aurait pour cause une idée réaliste.
- Pour se sentir coupable, la personne transforme un désir d'agir autrement en une exigence (* *il faut que...*).

Apprentissage et développement

- Dès notre enfance, nous avons appris qu'il faut nous repentir de nos péchés, demander pardon, condamner ceux qui agissent mal, les punir. Les pécheurs repentants ont droit à notre estime, même s'ils ne font rien pour changer les choses. Les religions ont prôné la culpabilité. Mais pouvons-nous aimer notre prochain et nos ennemis comme nous-mêmes? La culpabilité était inévitable.
- La culpabilité a été prônée durant des siècles, notamment par des organisations religieuses. La ressentir est encore très fréquent. Or, les actes de violence, d'agressions et autres sont toujours très nombreux. La lecture de la réalité nous démontre l'inefficacité de cette émotion pour amener des gens à modifier leurs comportements. Oui, ça peut jouer parfois, mais elle ne fait pas le poids par rapport à la nature humaine toujours égoïste et basée sur la recherche des plaisirs et des avantages.
- Elle est transmise de génération en génération dans le but, très souvent, d'assurer la soumission des personnes et de prévenir le chaos (* *reproduction*).
- La culpabilité provient des messages appris à l'enfance, notamment en regard du bien et du mal.
- Elle émane partiellement de la croyance qu'il existe des lois morales et divines, une philosophie répressive, de l'agressivité qui a pour effet de condamner, d'accuser, de blâmer les autres, de gestes tirés de la religion catholique.

Conditions favorables

- La famille : une mère malheureuse, victime, martyre, névrosée. Elle cède à l'enfant et le culpabilise ensuite (* *se plaint, boude*).
- La surprotection : l'enfant aime sa mère. Il est dépendant et a besoin d'elle. Il la voit présente, attentive, très préoccupée de son bien-être. Il a facilement honte et se sent coupable s'il lui fait de la peine. Il peut refouler son agressivité à son égard lorsqu'elle lui déplaît (* *si elle refuse de... ; si elle le boude*).
- La présence et l'expression de valeurs, de principes moraux rigides, de signes religieux.
- D'autres émotions peuvent soutenir, renforcer la culpabilité. * *Je suis fidèle parce que c'est mal de ne pas l'être, mais surtout parce que j'ai peur des conséquences. Je ne lui dis pas ce que je pense parce qu'il aura de la peine (culpabilité anticipée). Il cessera de m'aimer et c'est normal parce que je suis « mauvaise » (déprimée).*
- La présence d'occasions correspondant à un désir (* *d'infidélité, de boisson, d'excitation, d'activité*) d'une personne qui correspond à nos goûts.
- Le stress, la fatigue et les autres problèmes nous rendent plus vulnérables.
- La présence de besoins insatisfaits (* *solitude, tendresse*).
- La création de peurs qui fragilisent, épuisent, occasionnent des comportements inefficaces faciles à critiquer. Lorsque j'ai peur, j'agis pour les éliminer. * *Je cède à ses demandes, je fais des gestes pour ne pas le décevoir*. Ensuite, je me sens coupable.
- La personne adhère, croit plus ou moins fortement à des lois créées, imposées qui proviennent d'elle (internes : * *personnelles*) ou des autres (externes : * *du conjoint, de la religion*).
- Lorsque le suivi des lois est variable, souple, la culpabilité est possiblement influencée par d'autres éléments tels que la présence d'occasions nombreuses et très alléchantes, difficiles à refuser, notamment parce qu'elles arrivent à un bon moment ou à un moment de vulnérabilité.
- L'acceptation d'une croyance populaire selon laquelle la culpabilité aide, restreint des débordements excessifs (* *si ce n'était de..., je ferais tout).* Mais ce n'est pas le cas parce que la notion d'inconvénients et d'avantages est prédominante.

Influences qui contribuent à augmenter ou à réduire la culpabilité

- La présence : de lois, d'attentes, de règles, de valeurs ; d'évaluation, de jugement sur..., de catégorisation, de critères ; de qualification (donner ou non des qualités) (* *c'est beau, bon, méchant*).
- Leurs origines internes (* *se sentir bien*) et externes (* *conjoint, père*).
- Les domaines familial, religieux et légal.

- Les occasions, l'environnement (* *criminalité*).
- L'état de la personne (* *séducteur*), les besoins, le type de réactions.
- Les idées flexibles, changeantes, contradictoires.
- Les émotions : leur nature et leur intensité (* *désirs, peurs*).
- Les comportements, les habitudes (* *boire trop d'alcool*).

Causes

- La notion du bien et du mal varie selon les personnes, les époques, les cultures, les religions, les âges.
- Le fait d'avoir commis un geste jugé interdit ne cause pas la culpabilité. Si c'était le cas, tous ceux qui ont fait de tels gestes se sentiraient coupables.
- Plusieurs croient que la culpabilité est causée par le fait que nous avons commis une mauvaise action. Si c'était le cas, les gens se sentiraient coupables à tout coup. D'ailleurs, les bonnes ou mauvaises actions n'existent pas dans la réalité. Seules les actions existent.
- Voici des idées relatives à la culpabilité : «J'ai fait ce que je n'aurais pas dû faire», «Je n'ai pas fait ce que j'aurais dû faire», «Je n'aurais pas dû faire ce que j'ai fait», «J'aurais dû faire ce que je n'ai pas fait», «Je devrais faire ce que je crois que je ne ferai pas», «Je ne devrais pas faire ce que je crois que je ferai», «Celui qui se sent coupable est plus valable que celui qui ne se sent pas ainsi», «Ce que j'ai fait est interdit et répréhensible», «Il y a des choses que je suis obligé de faire», «Ce qui est bon doit être fait obligatoirement», «Ce qui est mauvais doit être évité. C'est interdit», «Je peux agir à l'encontre de ma nature et des lois de l'Univers», «Si une chose est bonne et possible, elle doit être faite».
- La culpabilité repose sur les bases suivantes : le bien et le mal existent ; on doit faire le bien ; le bien doit être récompensé et le mal puni ; la confusion entre la culpabilité et la responsabilité ; le refus de l'erreur et de l'imperfection de l'humain ; des critères arbitraires externes ou internes.

Comportements

La personne qui se sent coupable peut adopter différents comportements. Ceux-ci dépendent de l'intensité et de la persistance de l'émotion ainsi que de certaines caractéristiques de sa personnalité.

- Tenter de tout donner à ses enfants, en faire des êtres exigeants et insatisfaits. Ils deviendront un poids pour eux et les autres.
- Des gens s'abstiennent de faire des gestes parce qu'ils prévoient qu'ils se sentiront coupables.
- La culpabilité incite des gens à suivre aveuglément des lois, ce qui amène à les paralyser, à les rendre malheureux, etc.

- Se justifier, c'est-à-dire se donner des raisons afin de se faire excuser.
- Faire des gestes qui déplaisent (* *avoir une relation sexuelle, payer des fleurs, faire célébrer des messes*).
- Les autopunitions (* *«Je n'ai pas fait ça, je paie maintenant»*).
- Se priver de plaisirs, ne pas empêcher des souffrances physiques ou s'en donner (* *se mordre, ne pas prendre des médicaments essentiels*).
- Les auto-accusations : se critiquer, se donner des noms, avoir des remords, se blâmer.
- Le suicide et autres formes d'autodestruction.
- Le masochisme, se faire du mal.
- La dépréciation.
- Jouer à la victime.

Inventaire de mes comportements

Exercice

Exercice A

Objectifs

- Connaître certains de mes comportements.
- Évaluer la fréquence de ces comportements.

Directive

- Indiquez à quelle fréquence vous utilisez les comportements suivants en cochant l'endroit approprié.

Comportements	J'adopte ce comportement Jamais Parfois Souvent							
	0	1	2	3	4	5	6	7
1. Je m'excuse souvent.	○	○	○	○	○	○	○	○
2. Je demande pardon.	○	○	○	○	○	○	○	○
3. Je fais des promesses.	○	○	○	○	○	○	○	○

Comportements	J'adopte ce comportement Jamais Parfois Souvent							
	0	1	2	3	4	5	6	7
4. Je me justifie. J'explique longuement.								
5. Je m'en veux de mes faiblesses.								
6. Je pense longtemps à mes erreurs.								
7. J'achète des cadeaux pour me faire pardonner.								
8. Je donne des permissions pour me faire pardonner.								
9. Je visite des endroits «désagréables» où je n'ai pas le goût d'aller (* *voir des personnes malades, aller au salon funéraire*).								
10. Je paie ou j'achète des choses telles que des messes, des fleurs.								
11. J'hésite à faire des gestes utiles pour ne pas me tromper.								
12. Je suis les lois et les règles à la lettre.								
13. Je me blâme.								
14. J'agis et je compense afin de me racheter.								
15. Je conserve, je ramasse, j'hésite à jeter des choses inutiles.								
16. Je m'humilie.								
17. Je reconnais rapidement mes torts.								
18. J'accepte facilement les blâmes, les critiques.								
19. Je me punis.								
20. Je cherche à en faire plus que moins.								
21. J'explique longuement mes décisions.								
TOTAL								

Corrigé

- Rejoignez consécutivement tous les points que vous avez cochés, afin de former un graphique.
- Additionnez tous les résultats (ex. : 0 + 2 + 4, etc.). Le minimum est 0 et le maximum est 7.

TOTAL : ____________________

- Divisez ce résultat par le nombre total de questions, afin d'obtenir une moyenne.

TOTAL : ____________________

- Reportez ce résultat ci-dessous afin de vous donner un aperçu de votre résultat.

Je me sens

0 1 2 3 4 5 6 7

Peu coupable |————————————————| **Très coupable**

Interprétation

Plus votre résultat est élevé et tend vers la droite, plus vous avez la possibilité de vous sentir coupable.

Directive

- Écrivez à la gauche les comportements les plus nuisibles que vous voulez changer, et à la droite, les comportements qui les remplaceront.

Comportements nuisibles	Comportements utiles

Exercice B

Objectifs

- Être plus conscient de mes comportements et idées.
- Évaluer la fréquence de mes comportements et idées.

Directive

- Évaluez vos comportements et idées en cochant l'endroit approprié.

Comportements et idées	J'agis ainsi Jamais							Souvent
	0	1	2	3	4	5	6	7
1. Je tente de me justifier. * *C'est pour ton bien ; il faut des contrôles ; c'est mon rôle de faire cela.*	○	○	○	○	○	○	○	○
2. Je m'excuse avant d'agir.	○	○	○	○	○	○	○	○
3. Je tente de justifier en long et en large mes agissements.	○	○	○	○	○	○	○	○
4. Je donne des faveurs pour me racheter.	○	○	○	○	○	○	○	○
5. J'accepte facilement les blâmes et les critiques.	○	○	○	○	○	○	○	○
6. C'est normal que je reconnaisse mes torts.	○	○	○	○	○	○	○	○
7. Si j'étais plus efficace, ça irait mieux.	○	○	○	○	○	○	○	○
8. Je fais parfois des erreurs qui n'ont pas de sens.	○	○	○	○	○	○	○	○
9. Je me mets souvent les pieds dans les plats.	○	○	○	○	○	○	○	○
10. Il m'arrive de nuire aux autres sans le vouloir.	○	○	○	○	○	○	○	○
11. Je ne fais pas toujours ce que je peux.	○	○	○	○	○	○	○	○
12. Je récolte souvent ce que j'ai semé.	○	○	○	○	○	○	○	○
13. J'échoue parfois dans les choses faciles.	○	○	○	○	○	○	○	○
14. Je bâcle parfois mon travail sans raison.	○	○	○	○	○	○	○	○
TOTAL								

Corrigé

- Rejoignez consécutivement tous les points que vous avez cochés, afin de former un graphique.
- Additionnez tous les résultats (ex. : 0 + 2 + 4, etc.). Le minimum est 0 et le maximum est 7.

TOTAL : ____________________

- Divisez ce résultat par le nombre total de questions, afin d'obtenir une moyenne.

TOTAL : ____________________

- Reportez ce résultat ci-dessous afin de vous donner un aperçu de votre résultat.

Ces comportements sont

0 1 2 3 4 5 6 7

Rares |——————————| **Nombreux**

Pour éviter de se sentir coupables, les gens vont utiliser certains comportements et stratégies ; en voici quelques-uns.

- Employer des phrases telles que : «J'ai fait de mon mieux», «J'ai fait mon possible», «Je suis obligé de...», «Je ne pouvais faire autrement», «Je n'avais pas le choix», «J'étais mal pris».
- Se dire incapable de quelque chose. * *«Je n'avais pas le choix.»*
- Nier, mentir.
- Compenser (* *acheter tout ce que l'enfant demandera*).
- Rationaliser (* *«J'ai fait ça pour son bien»*, *«Il va me remercier plus tard»*).
- Chercher à en faire toujours plus.
- Acheter des cadeaux équivalents pour tous.
- Rapporter des cadeaux lors de sorties, de voyages.
- Imiter aveuglément des modèles.
- Dire la vérité à tout prix afin de témoigner de leur honnêteté (* *infidélité*).
- Suivre aveuglément les lois, les règles en vigueur.

Exercice — Je peux et je ne peux pas

Objectif

- Distinguer les pouvoirs des êtres humains.

Directive

- Écrivez cinq comportements qu'un être humain peut avoir et cinq qu'il ne peut avoir.

Comportements possibles	Comportements impossibles
* *Parler.*	* *Vivre sans manger ni boire.*
1.	
2.	
3.	
4.	
5.	

Idées de la personne qui se sent coupable

Exercice

Exercice A

Objectif

- Établir mes croyances.

Directive

- Répondez aux questions suivantes.

Croyez-vous à ces idées ?	Non	Oui
1. Celui qui se sent coupable est plus valable que celui qui ne se sent pas ainsi.	○	○
2. Ce que j'ai fait est interdit et répréhensible.	○	○
3. Il y a des choses que je suis obligé de faire.	○	○
4. Ce qui est bon doit être fait obligatoirement.	○	○
5. Ce qui est mauvais doit être évité. C'est interdit.	○	○
6. Je peux agir à l'encontre de ma nature et des lois de l'Univers.	○	○
7. Si une chose est bonne et possible, elle doit être faite.	○	○
8. C'est normal et bien de reconnaître ses torts.	○	○
9. Faute avouée est à moitié pardonnée.	○	○
10. Quand les choses vont mal, j'y suis toujours pour quelque chose.	○	○
11. Quand on a mal agi, c'est normal d'être blâmé.	○	○
12. Quand on fait des erreurs, c'est utile de se blâmer.	○	○
13. Les autres ont parfois raison de se plaindre de moi.	○	○
14. Il m'arrive de faire des erreurs impardonnables.	○	○
15. C'est méchant de nuire inutilement aux autres.	○	○

Croyez-vous à ces idées?	Non	Oui
16. Mieux vaut, si possible, cacher ses échecs.	○	○
17. C'est utile de se souvenir longtemps de ses erreurs.	○	○
18. Si j'en suis là dans ma vie, c'est ma faute.	○	○
19. Les erreurs doivent être prises au sérieux.	○	○
20. Ce qui peut être bien fait doit l'être.	○	○
TOTAL		

Exercice B

Objectif

- Établir mes croyances.

Directive

- Répondez aux questions suivantes.

Croyez-vous à ces idées?	Non	Oui
1. Il m'arrive de blesser inutilement les autres avec mes paroles.	○	○
2. Souvent et sans raison, je ne fais pas mon maximum.	○	○
3. Je laisse parfois les autres abuser de moi.	○	○
4. Il m'arrive souvent de comprendre trop tard.	○	○
5. Je récolte souvent ce que j'ai semé.	○	○
6. Je ne devrais pas me causer des émotions désagréables.	○	○
7. J'ai tendance à bâcler mon travail. Je m'organise pour terminer rapidement.	○	○
8. J'aurais souvent avantage à prendre plus de précautions.	○	○
9. Les autres n'ont pas tout à fait tort de me traiter de minable, de paresseux.	○	○
10. C'est fou, stupide de se rendre anxieux, triste.	○	○

Croyez-vous à ces idées ?	Non	Oui
11. Je n'ai aucune excuse pour ne pas réussir des choses faciles.	○	○
12. Personne n'est justifié de se tromper.	○	○
13. Je ne devrais pas m'en faire avec des niaiseries.	○	○
14. Je ne suis pas assez disponible pour eux.	○	○
15. C'est normal d'être blâmé quand on a mal agi.	○	○
16. C'est utile de se blâmer quand on fait des erreurs.	○	○
17. J'aurais dû apprendre à mieux m'exprimer.	○	○
18. Si j'avais été plus vite, je n'aurais pas manqué de si bonnes occasions.	○	○
19. Pourquoi ai-je attendu si longtemps avant de corriger ce problème ?	○	○
20. J'aurais pu lui dire ce que je pensais.	○	○
21. C'était si facile, je n'avais qu'à me taire et à partir.	○	○
22. Si je pouvais m'empêcher de dire des bêtises.	○	○
23. Si je faisais un plus grand effort, j'y arriverais.	○	○
24. J'ai encore perdu une bonne occasion de me taire.	○	○
25. Céder est souvent méritoire.	○	○
TOTAL		

Exercice

Évaluation des croyances

Exercice A

Directive

- Pour chacune des phrases suivantes, inscrivez le chiffre correspondant le mieux à votre situation, à ce que vous pensez.

1. Jamais ou très rarement **2. Rarement** **3. Parfois** **4. Souvent** **5. Presque toujours**

Croyances	1	2	3	4	5
1. J'aurais dû poursuivre mes études.	○	○	○	○	○
2. Je n'aurais pas dû changer d'emploi.	○	○	○	○	○
3. J'aurais dû lui dire quand c'était le temps.	○	○	○	○	○
4. Ce n'était pas le temps de lui dire, je m'en veux pour ça.	○	○	○	○	○
5. Je n'aurais pas dû lui en parler.	○	○	○	○	○
6. Je n'aurais pas dû me marier.	○	○	○	○	○
7. J'aurais dû me marier.	○	○	○	○	○
8. Je n'aurais pas dû divorcer.	○	○	○	○	○
9. J'aurais dû divorcer.	○	○	○	○	○
10. Je laisse toujours les autres décider pour moi.	○	○	○	○	○
11. Je m'en veux de ne jamais prendre de décisions.	○	○	○	○	○
12. C'est encore ma faute.	○	○	○	○	○
13. J'ai honte de moi.	○	○	○	○	○
14. Un adulte intelligent n'aurait jamais fait ça.	○	○	○	○	○
15. Je n'aurais pas dû faire ça à mes parents.	○	○	○	○	○
16. Je n'aurais pas dû faire ça à mes enfants.	○	○	○	○	○

Croyances	1	2	3	4	5
17. Excuse-moi, je n'aurais pas dû.	○	○	○	○	○
18. Je ne me le pardonnerai jamais.	○	○	○	○	○
19. Je m'en veux d'avoir oublié ça.	○	○	○	○	○
20. Je n'aurais jamais dû faire cette erreur.	○	○	○	○	○
21. J'aurais dû l'aider.	○	○	○	○	○
22. Je n'aurais pas dû l'aider.	○	○	○	○	○
23. J'aurais dû en acheter quand c'était le temps.	○	○	○	○	○
24. J'aurais dû réfléchir avant d'agir.	○	○	○	○	○
25. C'est ma faute si mes enfants décrochent.	○	○	○	○	○
26. C'est ma faute s'il continue à boire.	○	○	○	○	○
27. Je tombe toujours dans les mêmes schémas.	○	○	○	○	○
28. Je suis toujours autrement des autres.	○	○	○	○	○
29. Je ne suis jamais capable de faire comme les autres.	○	○	○	○	○
30. C'est ma faute si on en est rendu là.	○	○	○	○	○
31. C'est ma faute si je suis malade.	○	○	○	○	○
32. C'est ma faute si je dois suivre aujourd'hui une cure.	○	○	○	○	○
33. C'est ma faute s'il me mène par le bout du nez.	○	○	○	○	○
34. C'est tout ce que je mérite.	○	○	○	○	○
35. J'ai couru après.	○	○	○	○	○
36. J'avais l'air d'un vrai fou.	○	○	○	○	○
37. J'aurais pu au moins le prévenir.	○	○	○	○	○
38. Je n'aurais pas dû ramener cette histoire sur le tapis.	○	○	○	○	○
39. Je n'aurais pas dû, après tout ce qu'il a fait pour moi.	○	○	○	○	○
40. J'aurais bien pu avec ce qu'il avait fait pour moi.	○	○	○	○	○

Croyances	1	2	3	4	5
41. Je vais toujours avoir ça sur la conscience.	○	○	○	○	○
42. J'aurais pu faire mieux que cela.	○	○	○	○	○
43. J'aurais pu au moins essayer.	○	○	○	○	○
44. J'aurais dû intervenir.	○	○	○	○	○
45. J'aurais dû au moins lui expliquer.	○	○	○	○	○
46. Je me suis mis encore en colère.	○	○	○	○	○
47. J'ai encore été bête avec lui.	○	○	○	○	○
48. Je n'aurais pas dû lui prêter.	○	○	○	○	○
49. Je n'avais pas de raison de lui faire ça.	○	○	○	○	○
50. Je me laisse toujours avoir.	○	○	○	○	○
51. J'ai encore dit oui.	○	○	○	○	○
52. J'aurais pu accepter pour une fois, ça n'aurait pas été grave.	○	○	○	○	○
53. Je n'aurais jamais dû les inviter.	○	○	○	○	○
54. C'est ma faute si on ne nous invite plus, avec le comportement que j'ai eu.	○	○	○	○	○
55. Je n'aurais pas dû laisser passer ça.	○	○	○	○	○
56. Je n'aurais pas dû le punir.	○	○	○	○	○
57. J'aurais dû le punir.	○	○	○	○	○
58. Je n'aurais pas dû exiger.	○	○	○	○	○
59. J'aurais dû m'affirmer plus que ça.	○	○	○	○	○
60. J'aurais dû prendre ce test au sérieux, c'était une belle occasion de vérifier à quel point j'ai tendance à me culpabiliser.	○	○	○	○	○

Pour ce qui est de la dernière phrase, il est encore temps pour vous de terminer cet exercice sans pour autant vous sentir coupable.

Corrigé

- Additionnez maintenant les chiffres que vous avez inscrits.

TOTAL : ____________________

- Votre total doit se situer entre 60 et 300. Plus il est élevé, plus il sera utile de travailler les causes de cette émotion.

Avez-vous remarqué à quel point les «j'aurais dû» et «je n'aurais pas dû» font partie du langage culpabilisant? Ce n'est pas par nos actes que nous nous culpabilisons, mais bien par le langage que nous tenons à propos de ces actes.

Exercice B

Objectifs

- Établir mes croyances.
- Évaluer mon adhésion à ces croyances.

Directive

- Évaluez votre degré de croyance aux énoncés suivants. Plus votre évaluation sera précise, plus vos résultats vous seront utiles.

Croyances	J'y crois Pas du tout							Totalement
	0	1	2	3	4	5	6	7
1. C'est normal ou bien de reconnaître ses torts.	○	○	○	○	○	○	○	○
2. Quand les choses vont mal, j'y suis toujours pour quelque chose.	○	○	○	○	○	○	○	○
3. C'est normal d'être blâmé quand on a mal agi.	○	○	○	○	○	○	○	○
4. C'est utile de se blâmer quand on fait des erreurs.	○	○	○	○	○	○	○	○
5. Les autres ont parfois raison de se plaindre de moi.	○	○	○	○	○	○	○	○
6. Il m'arrive de faire des erreurs impardonnables.	○	○	○	○	○	○	○	○
7. C'est méchant de nuire inutilement aux autres.	○	○	○	○	○	○	○	○
8. Mieux vaut, si possible, cacher ses échecs.	○	○	○	○	○	○	○	○

Croyances	J'y crois Pas du tout							Totalement
	0	1	2	3	4	5	6	7
9. C'est utile de se souvenir longtemps de ses erreurs.	○	○	○	○	○	○	○	○
10. Si j'en suis là dans ma vie, c'est ma faute.	○	○	○	○	○	○	○	○
11. Les erreurs doivent être prises au sérieux.	○	○	○	○	○	○	○	○
12. Ce qui peut être bien fait doit l'être.	○	○	○	○	○	○	○	○
13. Il m'arrive de blesser inutilement les autres avec mes paroles.	○	○	○	○	○	○	○	○
14. Souvent et sans raison, je ne fais pas mon maximum.	○	○	○	○	○	○	○	○
15. Je laisse parfois les autres abuser de moi.	○	○	○	○	○	○	○	○
16. Il m'arrive souvent de comprendre trop tard.	○	○	○	○	○	○	○	○
17. Je récolte souvent ce que j'ai semé.	○	○	○	○	○	○	○	○
18. Je ne devrais pas me causer des émotions désagréables.	○	○	○	○	○	○	○	○
19. J'ai tendance à bâcler mon travail (à faire trop vite).	○	○	○	○	○	○	○	○
20. J'aurais souvent avantage à prendre plus de précautions.	○	○	○	○	○	○	○	○
21. Les autres n'ont pas tout à fait tort de me traiter de minable, de paresseux.	○	○	○	○	○	○	○	○
22. C'est fou, stupide de se rendre anxieux, triste.	○	○	○	○	○	○	○	○
23. Je n'ai aucune excuse pour ne pas réussir des choses faciles.	○	○	○	○	○	○	○	○
24. Personne n'est justifié de se tromper.	○	○	○	○	○	○	○	○
25. Je ne devrais pas m'en faire avec des niaiseries.	○	○	○	○	○	○	○	○
26. Je ne suis pas assez disponible pour eux.	○	○	○	○	○	○	○	○

Croyances	J'y croisPas du tout						Totalement	
	0	1	2	3	4	5	6	7
27. Quand on fait des erreurs, se sentir coupable est inévitable.	○	○	○	○	○	○	○	○
28. Le bien et le mal existent (si j'agis bien, je suis bon ; si j'agis mal, je suis mauvais).	○	○	○	○	○	○	○	○
29. On doit faire le bien et éviter le mal (le bien est obligatoire et le mal, interdit).	○	○	○	○	○	○	○	○
30. Nuire aux autres est interdit.	○	○	○	○	○	○	○	○
31. Quand une chose est interdite, on doit s'en abstenir.	○	○	○	○	○	○	○	○
32. Je m'en veux d'être ce que je suis.	○	○	○	○	○	○	○	○
33. Je pense souvent que j'agis mal.	○	○	○	○	○	○	○	○
34. J'ai l'impression de moins aimer mes parents, mes amis et sans raison.	○	○	○	○	○	○	○	○
35. C'est ma faute si je suis comme ça.	○	○	○	○	○	○	○	○
36. Je n'ai pas fait grand-chose de bon dans ma vie.	○	○	○	○	○	○	○	○
37. Je ne fais rien pour m'aider.	○	○	○	○	○	○	○	○
38. Je crois que je n'essaie pas assez fort de m'aider.	○	○	○	○	○	○	○	○
39. Je n'ai pas assez donné aux miens.	○	○	○	○	○	○	○	○
40. J'ai des réactions disproportionnées vis-à-vis de ce qui se passe.	○	○	○	○	○	○	○	○
41. Je fais subir aux autres des choses désagréables.	○	○	○	○	○	○	○	○
42. Je n'apprécie pas ce qu'ils font pour moi.	○	○	○	○	○	○	○	○
43. Si j'en suis là, c'est en grande partie ma faute.	○	○	○	○	○	○	○	○
44. Si au moins j'avais plus de volonté.	○	○	○	○	○	○	○	○
TOTAL								

Corrigé

- Rejoignez consécutivement tous les points que vous avez cochés, afin de former un graphique.
- Additionnez tous les résultats (ex.: 0 + 2 + 4, etc.). Le minimum est 0 et le maximum est 7.

TOTAL: ____________________

- Divisez ce résultat par le nombre total de questions, afin d'obtenir une moyenne.

TOTAL: ____________________

- Reportez ce résultat ci-dessous afin de vous donner un aperçu de votre résultat.

Je ressens de la culpabilité

	0 1 2 3 4 5 6 7	
Rarement **Faiblement**	|———————————|	**Très souvent** **Intensément**

Interprétation

La vue de votre graphique vous donne un aperçu de votre niveau de culpabilité. Plus la ligne tend vers la droite, plus vous éprouvez cette émotion. Plus la ligne tend vers la gauche, moins vous vous sentez coupable.

Portez une attention particulière aux croyances dont le résultat est 5 et plus. Comme il s'agit de phrases avec des idées fausses (irréalistes), vous auriez avantage à y voir et à les remplacer par des idées vraies (réalistes). Cela serait, si vous le désirez, un bon moyen de diminuer la fréquence et l'intensité de cette émotion.

Les idées précédentes sont généralement synonymes. Les mots utilisés pour les dire sont différents. Probablement que vous avez coté élevées les phrases écrites avec des mots qui correspondent davantage à ceux que vous utilisez. Les autres peuvent être cotées basses. Cela peut expliquer que la moyenne obtenue est plutôt basse. Cela ne veut pas dire que vous ressentez peu ou pas cette émotion. Ça peut signifier que vous croyez seulement à une ou à quelques idées exprimées d'une certaine façon. Mais si vous y croyez beaucoup et qu'elle est présente souvent à votre esprit, l'émotion ressentie peut être peu intense, sauf que dans votre cas, vous la verbalisez de la même façon ou presque.

Corrigé (à titre indicatif)

1. Faux.	Que veut dire normal? Ce n'est pas parce que des gens font une chose que c'est utile. Le bien et le mal n'existent pas dans la réalité. Il s'agit d'un jugement arbitraire. Que veut dire avoir tort? Les humains font inévitablement des erreurs. Il est parfois utile de reconnaître ses erreurs et parfois non.
2. Faux.	Que veut dire mal? Je ne suis pas responsable de tout. Je n'ai pas d'influence sur tout. Même si j'ai une certaine responsabilité dans une situation, cela ne veut pas dire que j'en suis coupable.
3. Faux.	Le blâme est fréquent, mais rarement utile. Ce n'est pas parce qu'un comportement est populaire qu'il est sain, utile.
4. Faux.	Le blâme est fréquent, mais rarement utile. Ce n'est pas parce qu'un comportement est populaire qu'il est sain, utile.
5. Vrai.	Je n'agis pas toujours d'une façon efficace pour moi ou les autres. Cela ne veut pas dire que j'en suis coupable. Ce n'est pas parce que d'autres se plaignent que je dois changer.
6. Faux.	Il m'arrive de faire des erreurs. Toutes les erreurs sont pardonnables.
7. Faux.	Il n'y a pas de choses méchantes. Il y a des gestes plus ou moins nuisibles. Nuire aux autres n'est pas défendu. Ça peut m'être utile ou nuisible. Si je fais un geste, je crois que c'est utile. Je ne peux pas savoir si mon geste sera efficace ou non sur les autres.
8. Douteux.	Parfois oui, parfois non. Que veut dire possible? Il y a des choses qui peuvent être difficiles et coûteuses de cacher. Tous les échecs ne peuvent être cachés et n'ont pas avantage à l'être. Les erreurs sont parfois impossibles à cacher.
9. Faux, douteux.	Les échecs sont des occasions d'apprendre. Il y a des choses dont il est utile de se souvenir. Très souvent, il vaut mieux oublier ses erreurs. Oublier ses erreurs ne signifie pas que l'on désire agir pour les répéter.
10. Vrai, douteux.	Votre situation résulte de gestes que vous avez faits et d'un grand nombre d'influences externes indépendantes de vos choix. Les humains ne sont pas libres. Dans ce sens, leur situation ne dépend d'eux qu'en théorie. Peu importe la part de responsabilité, cela ne rend pas coupable pour autant. Si j'en suis là, j'y suis partiellement pour quelque chose, j'existe.
11. Faux.	Rien n'oblige à prendre les erreurs au sérieux. Surévaluer les choses est souvent nuisible. Les erreurs sérieuses sont très rares.

12. Faux.	Les choses peuvent être faites selon plusieurs critères. Il n'y a pas d'obligations naturelles à faire les choses d'une telle façon. On peut donner plusieurs sens au mot «bien». Je ne suis pas obligé de bien faire quoi que ce soit.
13. Faux.	Je peux blesser les autres physiquement, mais non sur le plan psychologique. Je leur donne des occasions de se blesser eux-mêmes avec leurs idées. Je ne peux savoir avec certitude l'effet des occasions que j'offre aux autres.
14. Vrai.	Je ne fais jamais mon maximum. Si je le fais, je vais en mourir. Je fais souvent des gestes sans raisons clairement identifiées.
15. Vrai, douteux.	Il est possible que vous laissiez consciemment ou non des gens abuser de vous. Si vous le faites, c'est que vous anticipez des avantages à agir ainsi. Je ne peux pas empêcher des gens de tirer des avantages de moi. Que veut dire abuser? Les autres sont comme moi et cherchent à obtenir le maximum d'avantages à un moindre coût.
16. Vrai, douteux.	C'est vrai dans des cas et non dans d'autres. Comprendre plus tard peut apporter des avantages et des inconvénients. Que veut dire trop tard?
17. Vrai, faux, douteux.	Parfois oui, parfois non. Il arrive que les conséquences découlent directement de nos actions, mais ce n'est pas toujours le cas. Quand il arrive des événements, ce n'est pas nécessairement parce que je les ai semés.
18. Faux.	J'ai le droit de me causer toutes les émotions que je veux, même si ce n'est pas avantageux pour moi.
19. Vrai, douteux.	Il est probable que ça arrive d'une façon plus ou moins régulière. C'est parfois utile d'agir ainsi, parfois non.
20. Douteux	Dans des cas oui, dans d'autres non. Une certaine prudence est souvent utile.
21. Faux.	Les autres se trompent, mais ils ont le droit d'agir ainsi et de se tromper. Je ne suis pas minable ni paresseux, même si d'autres le pensent.
22. Faux.	C'est seulement humain d'agir ainsi. Les humains font ça d'une façon régulière. Si c'était stupide, tous les humains le seraient.
23. Faux, douteux.	Si vous échouez, il y a des raisons internes ou externes à vous. Les excuses ne sont pas obligatoires ni pour les choses faciles ni pour les choses difficiles. Que j'aie des excuses ou non ne change rien à l'échec. La culpabilité est évitable et inutile, que j'aie des excuses ou non.

24. Faux.	Tous les humains se trompent. Ma nature d'être humain amène inévitablement des erreurs. Ma condition justifie le fait que je me trompe.
25. Faux.	Je n'ai pas d'obligation à cesser de m'en faire pour quelque raison que ce soit. J'ai le droit de m'en faire à propos de tout si je le veux, même si c'est inutile et nuisible. Il pourrait être utile de cesser de m'inquiéter à propos de choses banales.
26. Douteux.	Je ne peux pas prédire l'impact de mes comportements. Ma présence ou absence apporte des avantages et des inconvénients.
27. Faux.	On se sent coupable seulement si nous avons l'idée qui cause la culpabilité. Accepter que les erreurs soient inévitables est aidant.
28. Faux.	Le bien et le mal n'existent pas dans la réalité. Il s'agit d'un jugement arbitraire que je porte sur des actions.
29. Faux.	Le bien et le mal n'existent pas dans la réalité. Ce sont des jugements. Même s'ils existaient, rien ne prouve que ce soit obligatoire. Selon les critères irréalistes des humains, il y a des gens qui font le bien et d'autres le mal. Donc, même là, ce n'est pas obligatoire. Il y a des gestes plus efficaces que d'autres, mais ils ne sont jamais obligatoires, pas plus que les gestes nuisibles et interdits.
30. Faux.	Pourquoi devrait-il en être ainsi ? Le monde n'est pas fait de cette façon. Qu'est-ce qui prouve que ce serait mieux ? Suis-je le propriétaire de la réalité ? J'agis d'une façon conforme à ma nature.
31. Faux.	Si je peux le faire, elle n'est pas naturellement interdite. Ce que je ne peux pas faire est interdit. Les humains ont des désirs variables. Ils veulent que les choses qui leur déplaisent soient interdites.
32. Vrai.	C'est ce que vous faites, mais c'est pénible et inutile. Vous aviez le droit d'agir ainsi. Un humain fait toutes sortes de gestes utiles ou non. C'est son droit et c'est inévitable.
33. Vrai.	Vous pouvez penser ainsi, mais c'est inutile et nuisible. Vous vous trompez parfois. Le bien et le mal n'existent pas. C'est moi qui porte un jugement arbitraire sur des choses. Si vous avez fait un geste, vous aviez le droit humain de le faire. Vous recherchiez votre avantage, ce qui est inévitable pour un humain.
34. Vrai.	C'est possible. Les émotions changent inévitablement en nature et en intensité. Vous n'y pouvez rien. Est-on coupable de quelque chose que l'on ne contrôle pas ?

35. Faux.	Vous êtes le résultat de votre hérédité, de votre environnement, etc. Vous avez appris des choses sans le vouloir, mais vous pouvez apprendre autre chose en sachant que votre liberté sera toujours limitée.
36. Faux.	Vous avez fait des gestes utiles et d'autres nuisibles, comme tous les humains. Mais vous êtes insatisfait. Vous pouvez changer des choses.
37. Faux.	Vous faites ce que vous croyez avantageux, mais vous pouvez vous tromper partiellement.
38. Douteux.	Parfois oui, parfois non. Mais vous faites ce que vous trouvez suffisant. Vous pouvez réévaluer le tout et changer au besoin.
39. Douteux.	Vous avez donné ce que vous croyez utile. D'autres peuvent penser autrement. On ne sait jamais avec certitude si c'est assez ou non. C'était votre choix.
40. Vrai, faux, douteux.	C'est sans doute variable. Vous avez les réactions qui correspondent à ce que vous pensez et êtes. Vous avez le droit d'être ainsi, mais vous pouvez changer si vous le voulez.
41. Vrai.	Tous les humains nuisent minimalement à d'autres. Certains plus que d'autres. Vous agissez en fonction de vos idées, que vous avez le droit d'avoir. Mais vous pouvez les réévaluer.
42. Vrai.	C'est votre droit. Eux croient que c'est suffisant. Vous pouvez tenter d'obtenir plus.
43. Vrai, faux, douteux.	C'est en partie à cause de vous. Vous n'êtes pas libre et votre pouvoir est réduit. Vous faites ce que vous pouvez avec les idées que vous avez.
44. Douteux.	Peut-être que ce serait mieux ou pire. On ne le sait pas. Mais vous pouvez avoir ce désir.

Exercice C

Objectif

- Établir mes idées qui causent la culpabilité.

Directive

- Dites si vous adhérez ou non aux énoncés suivants en cochant l'endroit approprié.

Idées	J'y crois Non Pas du tout							Oui Tout à fait
	0	1	2	3	4	5	6	7
1. Je m'en veux d'avoir cédé à des demandes.	○	○	○	○	○	○	○	○
2. Je réévalue avec soin mes erreurs.	○	○	○	○	○	○	○	○
3. Souvent, je ne fais pas mon possible.	○	○	○	○	○	○	○	○
4. Je manque souvent de bonnes occasions.	○	○	○	○	○	○	○	○
5. J'ai peur de courir des risques.	○	○	○	○	○	○	○	○
6. Je me laisse trop faire par les autres.	○	○	○	○	○	○	○	○
7. Je me mets les pieds dans les plats.	○	○	○	○	○	○	○	○
8. On dirait que je ne peux m'empêcher de faire des gaffes.	○	○	○	○	○	○	○	○
9. Si j'en suis là, c'est en grande partie ma faute.	○	○	○	○	○	○	○	○
10. Je suis mal à l'aise quand je prends du temps pour réfléchir, lire.	○	○	○	○	○	○	○	○
11. Parfois, je devrais prendre ma place.	○	○	○	○	○	○	○	○
12. C'est à moi à faire des efforts pour m'améliorer.	○	○	○	○	○	○	○	○
13. Si je ne défends pas mon point de vue, c'est ma faute.	○	○	○	○	○	○	○	○
14. Je ne profite pas des bonnes occasions lorsqu'elles passent.	○	○	○	○	○	○	○	○
15. Ou bien je parle trop, ou pas assez.	○	○	○	○	○	○	○	○
16. Sans le vouloir, je blesse parfois les autres.	○	○	○	○	○	○	○	○
17. Si je me préparais un peu mieux aux rencontres, j'aurais plus de résultats.	○	○	○	○	○	○	○	○
18. Quand on laisse la place, les autres la prennent.	○	○	○	○	○	○	○	○
19. La prochaine fois, je ferai mieux.	○	○	○	○	○	○	○	○
TOTAL								

Corrigé

- Rejoignez consécutivement tous les points que vous avez cochés, afin de former un graphique.
- Additionnez tous les résultats (ex. : 0 + 2 + 4, etc.). Le minimum est 0 et le maximum est 7.

TOTAL : ____________

- Divisez ce résultat par le nombre total de questions, afin d'obtenir une moyenne.

TOTAL : ____________

- Reportez ce résultat ci-dessous afin de vous donner un aperçu de votre résultat.

Mon niveau de culpabilité est

0 1 2 3 4 5 6 7

Bas |————————————| Haut

Interprétation

Plus votre graphique tend vers la droite, plus vous avez des idées qui causent de la culpabilité.

Par quoi pouvez-vous remplacer ces idées ? ____________

____

Écrivez d'autres idées qui pourraient avantageusement les remplacer. ____________

____

____

Exercice D

Objectifs

- Connaître mes idées.
- Évaluer mon adhésion à ces idées.
- Évaluer l'intensité de cette émotion.
- Remplacer ces idées par d'autres plus vraies, afin d'atténuer cette émotion.

Directives

- Évaluez votre adhésion aux idées suivantes en cochant l'endroit approprié.
- Si vous songez à d'autres, ajoutez-les à la fin de la liste.

Je dis..., je pense...	J'y crois Pas du tout 0	1	2	3	4	5	6	Totalement 7
1. Je devrais me forcer davantage pour le satisfaire.	○	○	○	○	○	○	○	○
2. Je ne devrais pas lui refuser aussi souvent.	○	○	○	○	○	○	○	○
3. C'est vrai que ça ne me tente pas souvent.	○	○	○	○	○	○	○	○
4. Il a parfois raison d'être déçu.	○	○	○	○	○	○	○	○
5. J'ai des idées, des tentations que je ne devrais pas avoir.	○	○	○	○	○	○	○	○
6. Je ne devrais pas utiliser le sexe pour me venger.	○	○	○	○	○	○	○	○
7. Quand je veux, il se force et accepte.	○	○	○	○	○	○	○	○
8. On dirait que j'agis pour que ça aille mal.	○	○	○	○	○	○	○	○
9. Je devrais penser plus à ce que je fais, à ce que je dis.	○	○	○	○	○	○	○	○
10. On dirait que je suis moins habile.	○	○	○	○	○	○	○	○
11. Je ne devrais pas faire semblant de ne pas comprendre ce qu'il veut.	○	○	○	○	○	○	○	○
12. Je ne devrais pas agir pour m'en débarrasser.	○	○	○	○	○	○	○	○
13. Autres:								
14.								
15.								
TOTAL								

Corrigé

- Rejoignez consécutivement tous les points que vous avez cochés, afin de former un graphique.
- Additionnez tous les résultats (ex.: 0 + 2 + 4, etc.). Le minimum est 0 et le maximum est 7.

TOTAL: ______________

- Divisez ce résultat par le nombre total de questions, afin d'obtenir une moyenne.

  TOTAL : ____________________

- Reportez ce résultat ci-dessous afin de vous donner un aperçu de votre résultat.

J'y crois

0 1 2 3 4 5 6 7

Non |————————————————| Oui

Distinctions

Culpabilité	Remords	Regret
Est dirigée contre nous : « J'ai mal agi. »	Est dirigé vers notre comportement.	Est préférable aux précédents.
Si je me sens coupable, c'est que je le suis.		
Comportement : se punir.		

Réactions

- L'imposition de conséquences à d'autres personnes est souvent accompagnée d'hostilité, d'une occasion de se sentir coupable. Quand une personne ressent une émotion désagréable, elle recherche un coupable. Celui qui lui a donné une occasion est une bonne cible. Le « culpabilisé » devient souvent hostile envers l'occasion et il se venge. C'est un terrain propice aux disputes, aux mésententes, etc.
- La culpabilité provoque souvent de nombreux gestes socialement bien vus (* *donner à des campagnes de financement, faire du bénévolat, aider les autres, se priver pour d'autres*).

Découragement

Synonymes

Abattement, accablement, consternation, déception, dégoût, déprime, désappointement, désenchantement, désespoir, écœurement, infériorité, lassitude.

Expressions utilisées pour en parler

- «Je suis démoralisé.»
- «Je me sens abattu.»
- «Il n'a plus le cœur à rien faire.»
- «Elle n'a plus envie de rien.»
- «J'ai perdu tout mon courage.»
- «Cela ne sert à rien.»
- «Je me sens les jambes coupées.»
- «Il n'apprendra jamais.»
- «Il n'y a rien à faire avec lui.»
- «C'est effrayant tout ce qui m'arrive.»
- «Il n'y a rien à faire de plus.»
- «C'est inutile de me battre.»
- «Qu'est-ce que cela donne d'essayer?»
- «C'est foutu!»
- «Plus ça va, plus ça se détériore.»
- «Je ne veux plus rien savoir.»
- «Je n'ai plus l'énergie que j'avais.»

Le découragement précède et accompagne souvent la déprime. Il y a toujours prédiction d'un avenir sombre (des ennuis, de la souffrance, etc.).

Les personnes découragées croient souvent avoir besoin d'une foule de choses. Plus on veut de choses, moins on a de chances de les obtenir.

Parce que des personnes aiment des choses, elles les croient irremplaçables.

L'idée qui cause le découragement est vraie, fausse ou douteuse.

Idées qui le causent

Les idées suivantes ont le même sens. Il s'agit d'une façon différente d'exprimer le même message.

Je n'arriverai jamais à accomplir, à atteindre, à acquérir telle chose, tel objectif, tel état qui serait avantageux, bon, agréable pour moi.

Je ne pourrai pas obtenir ce que je veux.

Mes désirs ne se réaliseront pas.

Je n'ai pas la possibilité d'obtenir ce que je veux.

Peu importe mes efforts, je n'arriverai pas à obtenir ce que je veux ou à accomplir quoi que ce soit.

Exercice — Évaluation des croyances

Objectifs

- Évaluer mon adhésion à des idées peu utiles.
- M'inciter à remplacer des idées fausses par d'autres plus utiles.

Directives

- Évaluez votre adhésion à ces idées en cochant l'endroit approprié.
- Répondez rapidement et honnêtement, c'est pour vous !
- Si vous songez à d'autres, ajoutez-les à la fin de la liste.

Mes croyances (Je me dis que..., je pense que...)	Faux							Vrai
	0	1	2	3	4	5	6	7
1. À quoi ça sert de toujours me battre?	○	○	○	○	○	○	○	○
a)								
b)								
2. Je me demande si je pourrai me rendre au bout.	○	○	○	○	○	○	○	○
a)								
b)								
3. J'affronte souvent des situations sans issue.	○	○	○	○	○	○	○	○
a)								
b)								
4. Je ne pourrai pas m'en sortir seul.	○	○	○	○	○	○	○	○
a)								
b)								
5. C'est normal de lâcher après quelques tentatives.	○	○	○	○	○	○	○	○
a)								
b)								
6. J'essaie tant que je peux, sans succès.	○	○	○	○	○	○	○	○
a)								
b)								
7. Je me force, mais ça n'avance à rien.	○	○	○	○	○	○	○	○
a)								
b)								
8. Je ne récolte pas ce que je sème.	○	○	○	○	○	○	○	○
a)								
b)								

Mes croyances (Je me dis que..., je pense que...)	Faux					Vrai		
	0	1	2	3	4	5	6	7
9. Je me rends au bout de mes forces.	○	○	○	○	○	○	○	○
a)								
b)								
10. Quoi que je fasse, ça ne finit jamais comme je le veux.	○	○	○	○	○	○	○	○
a)								
b)								
11. Ça ne vaut pas toujours la peine d'essayer.	○	○	○	○	○	○	○	○
a)								
b)								
12. J'essaie sans succès de me faire comprendre.	○	○	○	○	○	○	○	○
a)								
b)								
13. Mieux vaut abandonner avant de tout perdre.	○	○	○	○	○	○	○	○
a)								
b)								
14. J'en suis à mes dernières munitions (énergies).	○	○	○	○	○	○	○	○
a)								
b)								
15. Dans la vie, tout le monde sort perdant.	○	○	○	○	○	○	○	○
a)								
b)								
16. Je n'ai plus le cœur de ne rien faire.	○	○	○	○	○	○	○	○
a)								
b)								

Mes croyances (Je me dis que..., je pense que...)	Faux				Vrai			
	0	1	2	3	4	5	6	7
17. Le sort s'acharne contre moi.	○	○	○	○	○	○	○	○
a)								
b)								
18. C'est effrayant tout ce qui m'arrive.	○	○	○	○	○	○	○	○
a)								
b)								
19. Je ne peux rien y faire.	○	○	○	○	○	○	○	○
a)								
b)								
20. Je n'obtiens jamais ce que je veux.	○	○	○	○	○	○	○	○
a)								
b)								
21. Le bonheur n'est pas pour moi.	○	○	○	○	○	○	○	○
a)								
b)								
22. Je suis comme ça, je n'y peux rien.	○	○	○	○	○	○	○	○
a)								
b)								
23. Il y a des choses que je ne peux supporter.	○	○	○	○	○	○	○	○
a)								
b)								
24. Je n'en peux plus.	○	○	○	○	○	○	○	○
a)								
b)								

Mes croyances (Je me dis que..., je pense que...)	Faux					Vrai		
	0	1	2	3	4	5	6	7
25. Je ne passerai pas à travers.	○	○	○	○	○	○	○	○
a)								
b)								
26. Je ne m'en sortirai jamais.	○	○	○	○	○	○	○	○
a)								
b)								
27. Je vais sûrement devenir fou.	○	○	○	○	○	○	○	○
a)								
b)								
28. Ça va de mal en pis.	○	○	○	○	○	○	○	○
a)								
b)								
29. C'est impossible de remonter la côte.	○	○	○	○	○	○	○	○
a)								
b)								
30. Je me sens impuissant devant tout ce que j'ai à faire.	○	○	○	○	○	○	○	○
a)								
b)								
31. Je vois tout comme une corvée.	○	○	○	○	○	○	○	○
a)								
b)								

Mes croyances (Je me dis que..., je pense que...)	Faux						Vrai	
	0	1	2	3	4	5	6	7
32. Je ne me crois plus capable de respecter mes obligations.	○	○	○	○	○	○	○	○
a)								
b)								
33. J'ai de moins en moins le goût de me battre.	○	○	○	○	○	○	○	○
a)								
b)								
34. Je me dis qu'il n'y a rien à faire.	○	○	○	○	○	○	○	○
a)								
b)								
35. Je ne défends plus mes idées comme avant.	○	○	○	○	○	○	○	○
a)								
b)								
36. Je laisse les autres décider pour moi.	○	○	○	○	○	○	○	○
a)								
b)								
37. Je pense souvent à ce que je devrais faire, mais je ne me décide pas à le faire.	○	○	○	○	○	○	○	○
a)								
b)								
38. Je vois ma vie future sombre, sans espoir.	○	○	○	○	○	○	○	○
a)								
b)								

Mes croyances (Je me dis que..., je pense que...)	Faux 0	1	2	3	4	5	6	Vrai 7
39. Je sens que je n'arriverai pas à surmonter mes difficultés.	○	○	○	○	○	○	○	○
a)								
b)								
40. Les choses ne peuvent pas s'améliorer pour moi.	○	○	○	○	○	○	○	○
a)								
b)								
41. Chaque fois que je suis las, fatigué, rien ne fonctionne.	○	○	○	○	○	○	○	○
a)								
b)								
42. C'est toujours plus facile pour les autres que pour moi.	○	○	○	○	○	○	○	○
a)								
b)								
Écrivez d'autres idées que vous avez sur le sujet et évaluez-les.								
a)								
b)								
a)								
b)								

Pour toutes les idées que vous avez cotées 6 ou 7, écrivez dans l'espace a) une idée plus vraie qui pourrait la remplacer.

Maintenant, comparez vos réponses avec celles du corrigé. Puis, écrivez dans l'espace b) une phrase plus vraie qui pourrait vous être utile.

Corrigé

1. Selon le cas.	Je ne sais pas et je ne peux le prédire. L'action et l'investissement sont souvent de meilleurs gages de réussite. Il y a des avantages et des inconvénients à agir et à ne pas agir. Il est préférable d'agir si je veux atteindre des objectifs.
2. Selon le cas.	Tout dépend au bout de quoi. De ma vie, oui. Dans plusieurs domaines, je ne sais pas. Je ne peux prédire l'avenir. Des éléments internes ou externes, prévisibles ou non peuvent nuire à l'atteinte de vos objectifs.
3. Faux.	Si vous êtes vivant, il y avait une issue. Tous les objectifs ne peuvent être atteints.
4. Douteux.	On ne peut pas prédire l'avenir. Il y a des choses que vous pouvez faire seul et d'autres non. Il est utile de les distinguer. Évaluez-vous correctement vos capacités ?
5. Faux.	Ce n'est ni normal ni anormal. Je peux lâcher ou non et je le fais quand je crois que c'est plus avantageux pour moi. Il est parfois utile d'abandonner et parfois de persévérer.
6. Faux.	Vous ne faites jamais votre maximum. Il n'y a pas de succès ou d'échec total. Les échecs apportent des avantages.
7. Douteux.	On ne peut pas évaluer parfaitement si on obtient ou non des résultats. Ces derniers ne sont pas toujours visibles et à court terme.
8. Vrai, douteux.	Parfois oui, parfois non. Récolter ce que l'on sème n'est pas obligatoire ni assuré. Les conséquences ne sont pas liées directement à nos actions.
9. Faux.	Si vous en mourez, oui. Sinon, c'est faux. Je ne me suis jamais rendu au bout de mes forces. J'investis ce que je crois utile. Je vais me rendre au bout de mes forces une seule fois.
10. Faux.	Il est pratiquement impossible que vous ne satisfassiez aucun de vos désirs. Plus vous avez de désirs, plus ce sera difficile de les satisfaire. C'est sans aucun doute une exagération.
11. Vrai.	Parfois oui, parfois non. Je ne peux pas le savoir d'avance. Je ne pourrai jamais le savoir d'une façon certaine. Il est rare que l'apathie soit préférable à l'action.
12. Douteux.	Parfois vous réussissez, parfois non, et habituellement de façon partielle. Vous ne réussissez jamais à vous faire comprendre parfaitement. Le succès ou l'échec n'est pas objectivement mesurable.

13. Douteux.	Il y a parfois avantage à abandonner et parfois à persévérer. On ne peut pas le savoir à l'avance. Que veut dire tout perdre? Il y a probablement une dramatisation des conséquences. Qu'est-ce que je perds effectivement? Quelle en est l'importance?
14. Douteux.	C'est peut-être vrai ou faux. Il peut s'agir d'une exagération. L'humain dépense de l'énergie renouvelable et non renouvelable. S'agit-il de la fin, de votre mort? Je peux me sentir ainsi et que ce ne soit pas le cas.
15. Faux.	Que veut dire perdant? Tous les humains perdent et gagnent des choses en quantité variable. Il peut s'agir d'une vision partielle des choses (on ne voit souvent que le négatif).
16. Vrai, douteux.	Je peux y croire et me sentir ainsi. Il s'agit très probablement d'une erreur. Je voudrais faire des choses que j'aime. Je peux à ce moment avoir moins de désirs, avec moins d'intensité. Je peux me sentir à tort ou à raison incapable de surmonter certaines difficultés.
17. Faux.	Il s'agit d'une exagération. Tout ne peut vous causer que des ennuis. Certains éléments peuvent vous nuire et d'autres vous aider. Certains plus que d'autres.
18. Faux.	Il n'y a rien d'effrayant en soi. C'est vous qui l'évaluez ainsi. Dramatiser les choses peut être nuisible.
19. Douteux.	Il y a très souvent des choses utiles à faire et parfois non. L'incapacité ou l'inefficacité d'action ne causent pas le découragement. Je ne peux pas savoir avant d'avoir essayé si ça donnera quelque résultat ou non.
20. Faux.	Certains de vos désirs sont certainement satisfaits, mais ce ne sont peut-être pas ceux que vous jugez les plus importants. Vous obtenez parfois ce que vous voulez.
21. Faux.	Le bonheur n'appartient à personne. Tous peuvent devenir plus heureux. La présence du bonheur est instable. Je peux souvent améliorer ma situation.
22. Faux.	Il y a des choses que je peux changer et d'autres non. Je change chaque jour. J'ai plus ou moins de pouvoir selon les différents éléments.
23. Faux.	Les choses insupportables pour les humains les font mourir. Tous les êtres vivants n'ont jamais vécu de choses insupportables. Il s'agit d'une exagération. Il y a des choses que je ne veux pas supporter.
24. Faux.	Ça n'arrive qu'une fois dans une vie et c'est la mort. Il s'agit d'une exagération. Il est peu probable que vous soyez au bout de vos énergies.

25. Douteux.	C'est possible, une fois seulement. Il s'agit probablement d'une dramatisation. Je ne peux prédire avec certitude ce qui va arriver, sauf certaines choses. J'ai peu de chances de réussir. Tout dépend des événements.
26. Douteux.	C'est possible, une fois seulement. Il s'agit probablement d'une dramatisation. Je ne peux prédire avec certitude ce qui va arriver, sauf certaines choses. J'ai peu de chances de réussir. Tout dépend des événements.
27. Douteux.	Que veut dire fou? On ne peut pas prédire l'avenir. Je peux ou non me perturber.
28. Douteux.	On ne connaît pas l'avenir. C'est très peu probable que tout se détériore toujours et de mal en pis.
29. Douteux.	Que veut dire la côte? Personne ne connaît le futur.
30. Vrai.	Vous pouvez vous sentir ainsi, mais vous pouvez vous tromper.
31. Vrai.	Vous pouvez penser ainsi, mais votre évaluation est subjective. Évaluer ainsi ne vous aide pas.
32. Vrai.	Vous pouvez penser ainsi, mais vous pouvez vous tromper.
33. Vrai.	Vous pouvez penser ainsi. Se battre est parfois utile, parfois nuisible.
34. Vrai.	Vous pouvez vous dire ça, mais vous pouvez vous tromper. Il est certainement possible de trouver une solution.
35. Vrai, douteux.	Vous pouvez avoir changé. Peut-être que c'est plus avantageux, peut-être que non.
36. Faux.	Les autres ne décident pas tout pour vous, mais vous pouvez vous sentir ainsi. Vous pouvez changer.
37. Faux.	Parfois vous le faites, parfois non, mais vous pouvez changer. Est-ce avantageux?
38. Vrai.	Vous pouvez la voir ainsi. Pouvez-vous vous tromper? Est-il possible qu'il y ait des plaisirs et des souffrances possibles?
39. Vrai.	Vous pouvez vous sentir ainsi, mais ce n'est pas une preuve que ce soit le cas. Vous pouvez vous tromper.
40. Vrai, douteux.	On ne peut pas prédire l'avenir. Vous pouvez vous tromper.
41. Faux.	Il y a des choses qui fonctionnent et d'autres non. Que veut dire fonctionner?
42. Faux.	C'est parfois plus facile pour certains et parfois non.

Exercice

Évaluation en regard du travail

Objectif

- Trouver les idées qui causent cette émotion.

Directive

- Indiquez si vous croyez à ces idées et à quelle intensité.

Caractéristiques	Découragement Pas du tout							Totalement
	0	1	2	3	4	5	6	7
1. C'est une perte de temps.	○	○	○	○	○	○	○	○
2. Il n'y a rien à faire.	○	○	○	○	○	○	○	○
3. Je suis trop fatigué pour en discuter.	○	○	○	○	○	○	○	○
4. Décidez ce que vous voulez.	○	○	○	○	○	○	○	○
5. J'ai déjà essayé plusieurs fois d'influencer les autres, sans succès.	○	○	○	○	○	○	○	○
6. J'essaie de faire ma part, mais ça ne marche jamais.	○	○	○	○	○	○	○	○
7. Je n'interviens jamais au bon moment.	○	○	○	○	○	○	○	○
8. Je ne serai jamais un bon leader.	○	○	○	○	○	○	○	○
9. Travailler en groupe, c'est une perte de temps.	○	○	○	○	○	○	○	○
10. Peu importe ce que je fais, il n'en tiendra pas compte.	○	○	○	○	○	○	○	○
TOTAL								

Corrigé

- Rejoignez consécutivement tous les crochets, afin de former un graphique.
- Additionnez tous les résultats (ex. : 0 + 2 + 4, etc.). Le minimum est 0 et le maximum est 7.

TOTAL : ____________________

- Divisez ce résultat par le nombre total de questions, afin d'obtenir une moyenne.

TOTAL : ____________________

- Reportez ce résultat ci-dessous afin de vous donner un aperçu de votre résultat.

Je suis découragé

0 1 2 3 4 5 6 7

Non |————————————| Oui

Pistes pour l'aidant

- Lorsque ça tourne en rond, il n'y a pas de progrès.
- C'est aussi le cas lorsque le client n'écoute pas, ne comprend pas, n'agit pas, se donne des excuses, manque de connaissances, fait des rechutes, ne fait pas d'efforts, utilise les connaissances nouvelles acquises contre les autres et vous-même, concède ou dit croire * *que c'est vrai pour les autres, mais pas pour lui*, est difficile à influencer.
- Il en va de même pour des clients qui ont toujours raison, se donnent des excuses, sont apathiques, connaissent tout, sont arrogants, méprisants, sont méfiants ou n'ont pas confiance en vous, jugent négativement la méthode et vous, sont catégoriques, sont incapables ou ne veulent pas faire d'autocritique, rejettent leurs responsabilités sur les autres.

Intervention

Évaluez :

- l'aide requise ;
- le besoin de soutien ;
- quand ;
- pourquoi ;
- l'importance.

Déprime

Nous vivons tous d'une façon plus ou moins régulière et intense des périodes de déprime d'une durée variable. Même si nous n'en sommes pas toujours conscients, même si nous utilisons des mots différents pour le dire (comme la fatigue, l'épuisement, l'angoisse, la mélancolie, avoir les «bleus», être déprimé), il demeure que nous parlons souvent de la même chose.

Pour certains, il s'agit d'un drame contre lequel ils tenteront plus ou moins adroitement de se défendre (* *en cachant leur état à eux-mêmes ainsi qu'aux autres*), en adoptant des comportements contraires ou en tournant cela à la blague.

Leurs réactions sont compréhensibles compte tenu de l'ignorance et des nombreux préjugés qu'un grand nombre de personnes ont sur le sujet. De plus, on leur colle facilement des étiquettes telles que psychotique, névrosé, psychopathe, schizophrène.

Cette vision des choses apporte de nombreux inconvénients, d'autant plus qu'elle est désagréable à vivre, fausse et donne de bonnes occasions de se dévaloriser, etc.

La déprime nuit à l'adoption de comportements souvent utiles qui découlent d'une vision plus vraie, plus réaliste des choses. Comme elle touche tout le monde, elle fait donc partie de la nature humaine. Renier et condamner la déprime revient à renier ce que nous sommes en tant qu'êtres humains.

La déprime est un état émotif complexe parce que c'est un ensemble de plusieurs émotions telles que la tristesse, la culpabilité, la dévalorisation. Elle se distingue de la dépression névrotique qui est: un fléchissement du tonus nerveux et physique; un état complexe de plusieurs émotions: tristesse, culpabilité, apitoiement sur soi ainsi que des facteurs physiologiques; une grève contre la vie.

Synonymes

Abattement, découragement, dépression, marasme, mélancolie.

Expressions utilisées pour en parler

- «Je suis dans la moyenne.»
- «Ça peut m'arriver de faire de bons coups, mais c'est rare, accidentel et c'est parce que c'était facile.»
- «Malgré tout, j'arrive à m'en tirer.»
- «Quel crétin je suis!»
- «Je ne sers à rien.»
- «Dans ce domaine, je suis nul.»
- «Je ne peux faire plus.»
- «C'est vrai que je ne suis pas très bon.»
- «Je ne peux jamais réussir deux fois de suite.»
- «On ne peut être bon dans tout.»
- «Je ne sais jamais comment faire.»
- «Que je suis niaiseux, pas débrouillard!»

Mise en situation — Exercice

Objectif

- Procéder à des observations et réfléchir sur le sujet.

Directive

- Répondez aux questions suivantes.

1. Vous arrive-t-il de ressentir des émotions de forte intensité? ______

   Lesquelles? ______

2. Quand cela vous arrive-t-il? ______
3. Décrivez une situation où ça se passe. ______
4. Par quoi ou par qui est causée cette émotion? ______

5. Cet événement vous cause-t-il la même émotion, à la même intensité chaque fois qu'il se présente?

Sinon, quelles sont les différences?

6. Y a-t-il des personnes qui réagissent différemment de vous?

Que font-elles?

7. Comment pouvez-vous expliquer ces différences de réactions lors d'événements similaires?

Constatations

- L'émotion déprime existe. Nous pouvons la ressentir.
- Par rapport aux états dépressifs:
  - on peut être dans un état dépressif sans qu'il y ait de déprime, c'est-à-dire qu'il existe des états dépressifs sans ressentir l'émotion;
  - l'émotion déprime est un ingrédient de l'état dépressif;
  - on peut être dans un état dépressif sans savoir qu'il cause la déprime.
- Les vacances, les voyages sont souvent utilisés pour surmonter la déprime. * *Si je vais à Acapulco, je serai aussi déprimé et de plus, j'y dépenserai de l'argent.*
- Les gens vivent plus vieux. La déprime vient de l'idée d'être inutile, pas bon, sans valeur. Donc, plus vous êtes malade, plus vous passez de temps hors du travail, plus vous constatez la perte de capacité, d'autonomie, plus vous avez des occasions de vous dévaloriser.
- Des gens se sentent inadéquats et sans valeur. Ils dépriment plus ou moins fortement.
- Les mots «déprime» et «dépression» prêtent souvent à confusion.
- La déprime n'est pas facile à reconnaître. La personne peut croire et faire croire qu'elle s'ennuie.
- La dépression névrotique ou réactionnelle se manifeste souvent à la suite d'un événement pénible (* *retraite, deuil, surmenage physique ou intellectuel, difficulté familiale ou financière*).
- Les épreuves répétées favorisent l'apparition de la déprime.

- Lorsqu'on est contrarié.
- Lorsqu'il y a des changements dans sa vie (* *changement d'emploi, déménagement, départ des enfants, arrivée d'un enfant*).
- Des responsabilités et des tâches que l'on croit devoir absolument affronter.
- À la suite d'une grande dépense d'énergie physique ou nerveuse.
- À la suite de nombreux déplacements.
- Lorsqu'on éprouve des difficultés devant lesquelles on se perçoit impuissant.

Bilan de la situation — Exercice

Objectif

- Recueillir de l'information en regard de la déprime et de la tristesse que vous ressentez.

Directive

- Répondez aux questions suivantes en étant le plus précis possible.

1. À quels moments ressentez-vous de la déprime? ______

   Précisez les journées et les heures. ______

2. Citez les lieux où vous la ressentez. ______

3. En présence de quelles personnes (nombre, statut, nom, rôle)? ______

4. Que se passe-t-il durant ces moments? (Décrivez la situation.) ______

5. Quels sont ou ont été vos comportements? ______

6. Qu'avez-vous ressenti? ____________________

____

7. Qu'avez-vous pensé? ____________________

____

8. Quelles ont été les réactions des autres? ____________________

____

9. Dans quelles parties du corps se localise votre tension ou votre inconfort?

____

10. Que faites-vous quand cela se produit? ____________________

____

11. Qu'est-ce que cela vous apporte? ____________________

____

Idées qui causent la déprime

- Ma valeur personnelle baisse, diminue ou est nulle.
- Comme pour la majorité des émotions désagréables, la personne déprimée adhère à un grand nombre d'idées irréalistes. À titre d'exemples:
  - ceux qui réussissent ont du talent;
  - les humains ont une valeur variable;
  - on peut les évaluer à partir de leurs actions, donc si je ne fais pas d'erreurs...;
  - «*Je ne vaux rien, je ne suis qu'un misérable*»;
  - ma valeur personnelle est basse ou nulle;
  - mes gestes et ma personne, c'est la même chose, il y a donc ici confusion des deux et l'on prend une partie pour le tout;
  - la personne croit avoir l'étiquette du déprimé, du vaurien, etc., dans le «front»;
  - plus la personne est utile, plus elle a de la valeur;
  - la personne croit que la présence de certaines émotions (* *pitié; anxiété*) la rend meilleure, plus humaine, plus amoureuse (c'est la preuve de...);
  - dans ma situation, c'est inutile d'essayer de...;
  - la compétence, le succès, ce n'est pas pour une personne comme moi.

Caractéristiques

- La culpabilité précède souvent la déprime. * *J'ai fait de mauvaises choses, donc je suis un minable*. Les blâmes que je me fais me poussent à la déprime.
- La déprime se caractérise par une autodévalorisation. On peut constater que la culture a une influence sur ces comportements.
- Cette émotion est souvent précédée et accompagnée par le découragement, par l'infériorité, etc.
- Cette émotion se distingue de l'état dépressif.
- C'est une émotion fréquente parce que la tendance à s'évaluer est fort répandue chez les humains.
- Elle va à l'encontre du désir d'être valable, adéquat.
- L'idée qui cause la déprime est toujours irréaliste.
- La personne offre à l'autre des occasions de l'abuser, de la rejeter, de la prendre en pitié, de l'appuyer dans sa dévalorisation, sa frustration, etc. * *C'est vrai que je ne vaux rien dans les sports.*
- Sa durabilité et son intensité sont variables.
- La déprime est une émotion désagréable, pénible, paralysante.
- Seul le déprimé peut causer sa déprime.
- Des gens agissent peu, prétendant qu'ils n'en ont pas le goût. C'est une excuse populaire.
- La déprime est fréquente.
- Des personnes se glorifient d'être sérieusement déprimées.
- À l'occasion, nous en sommes tous victimes.
- La dépression se reconnaît par les comportements et les émotions qui la composent.

Occasions

- Les occasions de déprime sont nombreuses.
- Les humains se servent souvent des événements pour se déprimer.
- Les épreuves répétées favorisent l'apparition de la déprime.

Exercice — En regard de la communication

Objectif

- Connaître les idées qui causent cette émotion.

Directive

- Évaluez votre croyance aux idées suivantes.

Idées	J'y crois — Pas du tout							Totalement
	0	1	2	3	4	5	6	7
1. Je n'ai rien d'intéressant à dire.	○	○	○	○	○	○	○	○
2. Je ne connais rien à ce sujet.	○	○	○	○	○	○	○	○
3. On ne m'informe de rien.	○	○	○	○	○	○	○	○
4. Ça ne me donne rien d'assister à cette rencontre.	○	○	○	○	○	○	○	○
5. Quand j'interviens, je le fais de façon stupide.	○	○	○	○	○	○	○	○
6. Je suis un poids mort pour le groupe.	○	○	○	○	○	○	○	○
7. Plus ça va, plus ma situation se détériore.	○	○	○	○	○	○	○	○
8. Pourquoi donnerait-il de l'importance à quelqu'un comme moi?	○	○	○	○	○	○	○	○
9. Je manque de bonnes occasions de me taire.	○	○	○	○	○	○	○	○
10. Ce n'est pas avec les personnes comme moi que l'on fait avancer la cause.	○	○	○	○	○	○	○	○
TOTAL								

Corrigé

- Rejoignez consécutivement tous les points que vous avez cochés, afin de former un graphique.
- Additionnez tous les résultats (ex. : 0 + 2 + 4, etc.). Le minimum est 0 et le maximum est 7.

TOTAL : ____________________

- Divisez ce résultat par le nombre total de questions, afin d'obtenir une moyenne.

TOTAL : ____________________

- Reportez ce résultat ci-dessous afin de vous donner un aperçu de votre résultat.

Je me sens déprimé

0 1 2 3 4 5 6 7

Non |————————————| Oui

En regard du travail

Exercice

Objectifs

- Évaluer votre adhésion à des idées peu utiles.
- Vous inciter à remplacer des idées fausses par d'autres plus utiles.

Directives

- Évaluez votre adhésion aux idées suivantes en cochant l'endroit approprié.
- Répondez rapidement et honnêtement, c'est pour vous ! Si vous songez à d'autres, ajoutez-les à la fin de la liste.

Mes croyances (Je me dis que..., je pense que...)	Faux							Vrai
	0	1	2	3	4	5	6	7
1. Je crains souvent de ne pas pouvoir apprendre les mêmes choses que les autres.	○	○	○	○	○	○	○	○
a)								
b)								

Mes croyances (Je me dis que..., je pense que...)	Faux						Vrai	
	0	1	2	3	4	5	6	7
2. J'ai un rendement très moyen.	○	○	○	○	○	○	○	○
a)								
b)								
3. Des gens me choisissent quand ils n'ont pas d'autres choix.	○	○	○	○	○	○	○	○
a)								
b)								
4. Je n'ai plus les capacités que j'avais.	○	○	○	○	○	○	○	○
a)								
b)								
5. Peu de personnes semblent comprendre ce que je vis.	○	○	○	○	○	○	○	○
a)								
b)								
6. Je nuis parfois à l'avancement des autres.	○	○	○	○	○	○	○	○
a)								
b)								
7. Je ne mérite pas plus que ce que j'obtiens.	○	○	○	○	○	○	○	○
a)								
b)								
8. Mon énergie est insuffisante pour faire face à mes obligations.	○	○	○	○	○	○	○	○
a)								
b)								

Mes croyances (Je me dis que..., je pense que...)	Faux				Vrai			
	0	1	2	3	4	5	6	7
9. Je ne suis pas très intéressant pour les autres.	○	○	○	○	○	○	○	○
a)								
b)								
10. J'ai tout raté ou presque.	○	○	○	○	○	○	○	○
a)								
b)								
11. J'ai plus besoin des autres qu'ils ont besoin de moi.	○	○	○	○	○	○	○	○
a)								
b)								
12. Je ne m'en sortirai pas.	○	○	○	○	○	○	○	○
a)								
b)								
13. Il y a plusieurs choses faciles que je ne suis pas capable de faire.	○	○	○	○	○	○	○	○
a)								
b)								
14. Les gens sont loin d'avoir tous la même valeur.	○	○	○	○	○	○	○	○
a)								
b)								
15. Je ne suis pas capable de faire quelque chose qui a du bon sens.	○	○	○	○	○	○	○	○
a)								
b)								

Mes croyances (Je me dis que..., je pense que...)	Faux				Vrai			
	0	1	2	3	4	5	6	7
16. Quand j'essaie quelque chose, ça ne marche jamais.	○	○	○	○	○	○	○	○
a)								
b)								
17. Je n'ai jamais été brillant.	○	○	○	○	○	○	○	○
a)								
b)								
18. Je ne suis pas intelligent de me rendre anxieux, triste.	○	○	○	○	○	○	○	○
a)								
b)								
19. Plutôt que de m'obstiner, je suis mieux de lâcher.	○	○	○	○	○	○	○	○
a)								
b)								
20. Dans ma situation, mon état, je ne peux faire plus.	○	○	○	○	○	○	○	○
a)								
b)								
21. Je trouve toujours le tour d'échouer.	○	○	○	○	○	○	○	○
a)								
b)								
22. Je ne suis qu'un égoïste, je ne pense qu'à moi.	○	○	○	○	○	○	○	○
a)								
b)								

Mes croyances (Je me dis que..., je pense que...)	Faux					Vrai		
	0	1	2	3	4	5	6	7
Écrivez d'autres idées que vous avez sur le sujet et évaluez-les.								
a)								
b)								
a)								
b)								

Pour toutes les idées que vous avez cotées 6 ou 7, écrivez dans l'espace a) une idée plus vraie qui pourrait la remplacer.

Maintenant, comparez vos réponses avec celles du corrigé suivant. Puis, écrivez dans l'espace b) une phrase plus vraie qui pourrait vous être utile.

Corrigé

1. Vrai.	Vous pouvez craindre ce que vous voulez. Cette émotion est rarement utile. Vous ne pouvez savoir tout ce que les autres savent, et vice versa. Ne pas savoir des choses est inévitable et rarement nuisible.
2. Vrai.	La majorité des humains ont un rendement moyen. Les sujets exceptionnels sont rares. Votre rendement ne change pas une valeur inexistante.
3. Douteux.	Parfois oui, parfois non. Certaines de vos caractéristiques plaisent à certains et non à d'autres. Fondamentalement, les gens ne sont pas obligés de choisir qui que ce soit. Ils choisissent des personnes jugées avantageuses pour eux.
4. Douteux.	Probablement que certaines de vos capacités ont augmenté et que d'autres ont diminué. Une baisse de capacité n'entraîne pas une baisse de valeur qui n'existe pas.

5.	Vrai.	Les autres ne nous comprennent jamais totalement. Peu de personnes nous comprennent d'une façon satisfaisante. Vous êtes le seul à comprendre occasionnellement à peu près ce que vous vivez.
6.	Vrai.	Chacun nuit d'une façon plus ou moins régulière et directe aux autres. C'est inévitable et non dramatique.
7.	Vrai.	Personne ne mérite rien. Je ne mérite pas ce que j'ai et il en est ainsi pour les autres.
8.	Douteux.	Une énergie est insuffisante pour faire tout ce que vous voulez, mais vous avez probablement suffisamment d'énergie pour faire certaines choses. Vous pouvez vous créer des obligations qui n'existent pas dans la réalité.
9.	Vrai, faux, douteux.	Vous êtes intéressant pour certains et non pour d'autres. Peu de gens sont très intéressants pour un grand nombre de personnes. L'intérêt des autres ne change pas ce que vous êtes.
10.	Faux.	Vous avez réussi certaines choses, et d'autres pas. Personne ne peut tout rater. L'efficacité de vos gestes ne change pas votre nature.
11.	Douteux.	Vous avez besoin de certains tandis que d'autres ont probablement besoin de vous. C'est difficilement évaluable. Que voulez-vous dire par besoin? La difficulté ou l'incapacité de répondre à vos besoins ne change pas votre valeur intrinsèque parce qu'elle n'existe pas.
12.	Douteux.	Sortir de quoi? De certaines choses oui et d'autres non.
13.	Vrai.	Tous les humains ont des capacités très limitées. Que veut dire facile?
14.	Faux.	Vous pouvez évaluer les personnes de différentes façons, mais ça ne change pas la réalité. Seule la valeur extrinsèque change selon les goûts des gens.
15.	Vrai.	Vous pouvez penser cela. La réponse varie selon les choses. Que veut dire avoir du bon sens?
16.	Faux.	Vous avez réussi certaines choses, et d'autres pas. Personne ne peut tout rater. L'efficacité de vos gestes ne change pas votre nature.
17.	Douteux.	Tout dépend du sens que vous donnez au mot «brillant». Si vous vivez, vous avez une tête, une intelligence. Il y a des gens plus intelligents que vous et d'autres moins. Les capacités intellectuelles ne changent pas la nature d'une personne.
18.	Faux.	C'est humain. Tous le font même si ce n'est pas utile. Vous causer des émotions désagréables ne change pas votre valeur intrinsèque parce qu'elle n'existe pas.

19. Douteux.	Parfois, il vaut mieux persévérer et parfois il est préférable de lâcher.
20. Faux.	Personne ou presque fait son possible. Si on le fait, on en meurt. Vous faites ce que vous trouvez utile de faire. Vous ne voulez pas faire plus pour les résultats que vous anticipez.
21. Faux.	Vous avez réussi certaines choses, et d'autres pas. Personne ne peut tout rater. L'efficacité de vos gestes ne change pas votre nature.
22. Vrai.	C'est inévitable chez les humains.

En regard de la vie de couple

Exercice

Objectifs

- Connaître vos croyances.
- Évaluer votre adhésion à ces croyances.

Directive

- Évaluez les croyances suivantes en cochant l'endroit approprié.

Croyances (Je me dis que..., je pense que...)	J'y crois Pas du tout							Totalement
	0	1	2	3	4	5	6	7
1. Je vais me consacrer à mes enfants.	○	○	○	○	○	○	○	○
2. Le bien de mes enfants est prioritaire.	○	○	○	○	○	○	○	○
3. Qu'est-ce que j'ai qui ne va pas?	○	○	○	○	○	○	○	○
4. Je n'ai pas ce qu'il faut pour vivre en couple.	○	○	○	○	○	○	○	○
5. Avec un autre, ce sera la même chose.	○	○	○	○	○	○	○	○
6. C'est toujours à moi que ça arrive.	○	○	○	○	○	○	○	○
7. Le bonheur n'est pas fait pour moi.	○	○	○	○	○	○	○	○

Croyances (Je me dis que..., je pense que...)	J'y crois Pas du tout							Totalement
	0	1	2	3	4	5	6	7
8. La vie ne me fait jamais de cadeau.	○	○	○	○	○	○	○	○
9. Il n'y a rien que je n'ai pas fait.	○	○	○	○	○	○	○	○
10. Les meilleurs partenaires sont pris.	○	○	○	○	○	○	○	○
11. C'est si facile pour les autres.	○	○	○	○	○	○	○	○
12. Les autres sont plus heureux que moi.	○	○	○	○	○	○	○	○
13. Je suis mieux seul.	○	○	○	○	○	○	○	○
14. Je ne suis pas fait pour lui.	○	○	○	○	○	○	○	○
15. On s'est rencontrés trop tard.	○	○	○	○	○	○	○	○
16. On se rencontrera pour de bon dans l'autre vie.	○	○	○	○	○	○	○	○
17. Si je vaux quelque chose, c'est grâce à lui.	○	○	○	○	○	○	○	○
18. J'ai de la chance qu'il m'endure.	○	○	○	○	○	○	○	○
19. Je devrais souvent me taire.	○	○	○	○	○	○	○	○
20. Il doit sûrement trouver que je suis ennuyant.	○	○	○	○	○	○	○	○
21. Sur le plan sexuel, je ne suis pas à la hauteur.	○	○	○	○	○	○	○	○
22. Je ne suis même pas assez intelligent pour m'exprimer clairement.	○	○	○	○	○	○	○	○
23. Je fais toujours tout de travers.	○	○	○	○	○	○	○	○
24. Je suis incapable de le comprendre.	○	○	○	○	○	○	○	○
25. Je ne le mérite pas.	○	○	○	○	○	○	○	○
26. Je suis incapable d'apprécier ce qu'il fait pour moi.	○	○	○	○	○	○	○	○
27. Je ne suis pas patient, compréhensif avec lui.	○	○	○	○	○	○	○	○
28. Sans lui, je ne pourrais pas m'en sortir avantageusement.	○	○	○	○	○	○	○	○

Croyances (Je me dis que..., je pense que...)	J'y crois Pas du tout							Totalement
	0	1	2	3	4	5	6	7
29. Je me sens souvent niaiseux à ses côtés.	○	○	○	○	○	○	○	○
30. Ça irait mieux si j'étais meilleur amant.	○	○	○	○	○	○	○	○
31. Je ne suis pas très habile dans les tâches de la maison.	○	○	○	○	○	○	○	○
32. J'ai souvent des idées malsaines.	○	○	○	○	○	○	○	○
33. Une chance qu'il m'aide pour me dépanner.	○	○	○	○	○	○	○	○
TOTAL								

Corrigé

- Rejoignez consécutivement tous les points que vous avez cochés, afin de former un graphique.
- Additionnez tous les résultats (ex. : 0 + 2 + 4, etc.). Le minimum est 0 et le maximum est 7.

  TOTAL : ____________________

- Divisez ce résultat par le nombre total de questions, afin d'obtenir une moyenne.

  TOTAL : ____________________

- Reportez ce résultat ci-dessous afin de vous donner un aperçu de votre résultat.

Je ressens la déprime

0 1 2 3 4 5 6 7

Rarement |————————————| **Très souvent**
Faiblement **Intensément**

Interprétation

La vue de votre graphique vous donne un aperçu de votre niveau de déprime. Plus la ligne tend vers la droite, plus vous éprouvez cette émotion. Plus la ligne tend vers la gauche, moins vous vous sentez déprimé.

Portez une attention particulière aux croyances dont le résultat est 5 et plus. Comme il s'agit de phrases avec des idées fausses (irréalistes), vous auriez avantage à y faire face et à les remplacer par des idées vraies (réalistes). Ce serait, si vous le désirez, un bon moyen de diminuer la fréquence et l'intensité de cette émotion.

Les idées précédentes sont généralement synonymes. Les mots utilisés sont différents. Probablement que vous avez coté élevées les phrases écrites avec des mots qui correspondent davantage à ceux que vous utilisez. Les autres peuvent être cotées plus basses. Cela peut expliquer que la moyenne obtenue est plutôt basse, ce qui ne veut pas dire que vous ressentez peu ou pas cette émotion. Ça peut signifier que vous croyez seulement à une ou à quelques idées exprimées d'une certaine façon. Mais si vous y croyez beaucoup et qu'elle est présente souvent à votre esprit, l'émotion ressentie peut être peu intense, sauf que dans votre cas, vous la verbalisez de la même façon ou presque.

Comportements

Les humains ont toujours tendance à agir en fonction de leurs croyances et à tenter de prouver ce qu'ils pensent. S'ils se croient mauvais, sans valeur, etc., ils commettront donc des actes «mauvais, nuisibles». Ces gestes viseront inconsciemment à prouver ce qu'ils pensent. Comme ils font des gestes nuisibles, ces derniers deviendront la preuve de leur non-valeur et la roue continuera ainsi à tourner. En somme, ils se croient imbéciles, commettent des actes «d'imbéciles» et concluent qu'ils le sont parce qu'ils les ont faits. Ils augmentent ou maintiennent leur déprime en la renforçant par des gestes et des idées irréalistes.

Cette personne aggrave ainsi sa déprime en renforçant l'idée de sa non-valeur. Les actions ou les relations interpersonnelles sont alors des occasions utilisées involontairement pour acquérir, développer et maintenir des croyances irréalistes et des émotions qui en découlent.

Parmi ces comportements, on note: être effacé, discret, ne pas s'afficher, ne pas aimer se regarder dans le miroir, ne pas aimer ses photos, commencer quelque chose, mais décrocher, vouloir dormir de plus en plus, réduire ou fuir les exercices physiques, ce qui contribue à réduire l'énergie.

Évaluation des comportements

Exercice

Objectif

- Évaluer les émotions que vous ressentez.

Directive

- Évaluez votre adhérence aux idées et comportements suivants en cochant l'endroit approprié.

Idées, comportements	J'y crois, j'agis ainsi Jamais / Pas du tout							Toujours / Totalement
	0	1	2	3	4	5	6	7
1. Quand je rate une des tâches, je me traite de noms dévalorisants.	○	○	○	○	○	○	○	○
2. Je planifie des actions que je ne mène pas à terme.	○	○	○	○	○	○	○	○
3. J'attends plutôt que d'agir.	○	○	○	○	○	○	○	○
4. Je me plains en présence des autres.	○	○	○	○	○	○	○	○
5. Mes gestes sont répétitifs.	○	○	○	○	○	○	○	○
6. J'ai tendance à éviter les étrangers.	○	○	○	○	○	○	○	○
7. Je ne réagis pas à mes succès et échecs.	○	○	○	○	○	○	○	○
8. J'ai de moins en moins de choses à dire aux collègues.	○	○	○	○	○	○	○	○
9. Je ne suis pas très intéressant pour mes amis.	○	○	○	○	○	○	○	○
10. Je suis mal à l'aise avec les gens importants.	○	○	○	○	○	○	○	○
11. Je ne mérite pas plus que ce que j'ai.	○	○	○	○	○	○	○	○
12. Je ne mérite rien.	○	○	○	○	○	○	○	○
13. Je suis nul dans plusieurs domaines.	○	○	○	○	○	○	○	○

Idées, comportements	J'y crois, j'agis ainsi Jamais Toujours Pas du tout Totalement							
	0	1	2	3	4	5	6	7
14. Ça ne me donne souvent rien d'essayer.	○	○	○	○	○	○	○	○
15. Je rate souvent des tâches faciles.	○	○	○	○	○	○	○	○
16. Parfois, je gâche tout à la dernière minute.	○	○	○	○	○	○	○	○
17. Je ne suis pas fort (* *comme personne*).	○	○	○	○	○	○	○	○
18. Avec certains amis, je n'en viens jamais à bout.	○	○	○	○	○	○	○	○
19. Je suis quelquefois dépassé par certaines personnes.	○	○	○	○	○	○	○	○
20. C'est normal de lâcher après quelques tentatives.	○	○	○	○	○	○	○	○
21. Je me force, mais ça n'avance à rien.	○	○	○	○	○	○	○	○
22. Ça ne vaut pas toujours la peine d'essayer.	○	○	○	○	○	○	○	○

Exercice

Inventaire de mes comportements

Objectifs

- Connaître certains de vos comportements.
- Évaluer la fréquence de ces comportements.

Directive

- Évaluez la fréquence des comportements suivants en cochant l'endroit approprié.

Comportements	J'adopte ce comportement Jamais Parfois Souvent							
	0	1	2	3	4	5	6	7
1. Je me traite de noms dévalorisants.	○	○	○	○	○	○	○	○
2. Je ne termine pas ce que je commence.	○	○	○	○	○	○	○	○
3. Je prends moins soin de mes choses.	○	○	○	○	○	○	○	○
4. J'attends plutôt que d'agir.	○	○	○	○	○	○	○	○
5. Je fuis les difficultés.	○	○	○	○	○	○	○	○
6. J'exagère les difficultés.	○	○	○	○	○	○	○	○
7. Je décide trop tard.	○	○	○	○	○	○	○	○
8. Je me plains.	○	○	○	○	○	○	○	○
9. Je plains les autres.	○	○	○	○	○	○	○	○
10. Je bouge de moins en moins.	○	○	○	○	○	○	○	○
11. Je me réveille prématurément.	○	○	○	○	○	○	○	○
12. J'ai moins d'appétit.	○	○	○	○	○	○	○	○
13. J'ai moins de réactions affectives.	○	○	○	○	○	○	○	○
14. Mes gestes sont plus répétitifs.	○	○	○	○	○	○	○	○
15. Je pleure plus souvent et sans savoir pourquoi.	○	○	○	○	○	○	○	○
16. Je parle plus lentement.	○	○	○	○	○	○	○	○
17. Je fuis les autres.	○	○	○	○	○	○	○	○
18. J'ai moins de choses à dire.	○	○	○	○	○	○	○	○
19. Je commence des choses que je suis incapable de finir.	○	○	○	○	○	○	○	○
20. Je réagis de moins en moins à ce qui m'arrive.	○	○	○	○	○	○	○	○
21. Je me contente de la routine.	○	○	○	○	○	○	○	○

Comportements	J'adopte ce comportement Jamais Parfois Souvent							
	0	1	2	3	4	5	6	7
22. J'évite d'élaborer des projets.	○	○	○	○	○	○	○	○
23. J'ai réduit mes activités physiques.	○	○	○	○	○	○	○	○
TOTAL								

Corrigé

- Rejoignez consécutivement tous les points que vous avez cochés, afin de former un graphique.
- Additionnez tous les résultats (ex. : 0 + 2 + 4, etc.). Le minimum est 0 et le maximum est 7.

TOTAL : ____________________

- Divisez ce résultat par le nombre total de questions, afin d'obtenir une moyenne.

TOTAL : ____________________

- Reportez ce résultat ci-dessous afin de vous donner un aperçu de votre résultat.

Je suis...

0 1 2 3 4 5 6 7

Un peu déprimé |——————————| **Très déprimé**

Interprétation

Plus votre résultat est élevé et tend vers la droite, plus vous avez la possibilité d'être déprimé. Ce graphique vous permet de visualiser votre niveau de déprime et d'établir vos comportements à modifier.

Directive

- Écrivez à gauche les comportements les plus nuisibles que vous voulez changer et à droite ceux qui vont les remplacer.

Comportements nuisibles	Comportements utiles

Personne déprimée

Tout le monde peut déprimer : le riche, le pauvre, le jeune, le vieux, l'instruit comme celui qui ne l'est pas, l'athlète comme la personne handicapée, celui qui a réussi comme l'autre qui a subi plusieurs échecs, le célibataire, le marié ou le divorcé, etc.

Si la déprime était causée par une évaluation réaliste des choses, il y aurait plus de succès et moins de déprime. Or, ce n'est pas le cas. La déprime ne dépend pas nécessairement ou strictement de ce qui se passe dans la réalité.

La personne déprimée a des idées négatives à propos d'elle-même et ressent un poids sur ses épaules. Elle croit que les autres la voient, la perçoivent ainsi. Selon son évaluation, son jugement à son sujet, c'est la vérité. Elle croit qu'elle fait pitié.

La personne: se plaint, s'apitoie sur son sort (* *«Je ne suis plus capable de faire ça»*); s'accuse parce qu'elle se trouve fautive, méchante et laide; se dévalue; se crie des noms dévalorisants; maudit la vie; rumine ses malheurs; se dit toujours fatiguée; tient des propos banals.

Exercice

Propos de la personne qui utilise la déprime pour manipuler

Propos	Je les utilise		
	Jamais	Parfois	Souvent
1. «Avec toi, c'est toujours la même chose.»	○	○	○
2. «Tu aurais pu y penser.»	○	○	○
3. «Tu manques encore à ta promesse.»	○	○	○
4. «C'est vrai que tu es peu habile là-dedans.»	○	○	○
5. «C'est vrai que tu as échoué la dernière fois.»	○	○	○
6. «Tu ne comprends jamais rien.»	○	○	○
7. «Ça ne me sert à rien de t'expliquer.»	○	○	○
8. «Tu oublies toujours.»	○	○	○
9. «Encore une fois, je ne peux pas compter sur toi.»	○	○	○
10. «C'est toujours à moi de tout faire.»	○	○	○
TOTAL			

Parmi ses réactions, on note:

- La personne se sent jugée négativement par les autres, ce qui l'incite parfois à entreprendre des actions qui dépassent ses capacités. Elle se stresse alors de plus en plus;
- Elle peut avoir des idées, mais parce qu'elle connaît des succès et que cela va bien dans sa vie, ces dernières ne se manifestent pas. En somme, elle ne déprime pas parce que les occasions n'y sont pas. Ses réactions dépendent de sa capacité de résistance;

- Elle peut nier son désir de réussir (* *«De toute façon, je n'y tenais pas tant que ça»*, *«Dans le fond, j'aime mieux ça comme ça»*), discréditer ceux qui réussissent ou qui ont plus d'intérêt qu'elle envers..., atténuer et dévaloriser ses performances et ses succès (* *«Tout le monde peut le faire»*, *«C'est si facile»*, *«Tout le monde peut faire mieux»*), se comparer à de meilleures qu'elle, se fixer des critères plus élevés et même inatteignables (donc, elle échoue), se convaincre que c'est normal, que ça va passer, le temps va arranger les choses, agir pour plaire et être aimée des autres, se sentir coupable, s'apitoyer sur son sort et sur celui des autres, consulter pour obtenir des médicaments, prendre des vacances, tenter de se stimuler, de s'énergiser (* *activités physiques, lectures agréables et positives*), chercher des explications dans son enfance (* *«Mon père me disait toujours...»*, *«Ma mère était comme ça»*), utiliser la manipulation, même si c'est inconscient, afin d'obtenir certains avantages (* *attention, amour, aide*).

Souvent, l'entourage va essayer de lui remonter le moral (* *conseils, soutien, distractions*) ou lui conseiller de bouger, de voir les choses différemment, de se rappeler ses bons coups (* *«Allons, secoue-toi, un sourire»*, *«Prends la vie du bon côté»*).

Réactions évitables

Exercice

Directives

- Dans la colonne de gauche, écrivez cinq situations vécues.
- Dans la colonne de droite, écrivez deux réactions différentes que vous pourriez avoir par rapport à l'événement.
- Soulignez ensuite celle qui vous permettrait de vivre moins d'émotions désagréables et d'obtenir ce que vous voulez.

Événements que je vis	Mes réactions possibles
1.	a) ______ b) ______
2.	a) ______ b) ______

Événements que je vis	Mes réactions possibles
3.	a) ______ b) ______
4.	a) ______ b) ______
5.	a) ______ b) ______

Effets

La personne déprimée : agit peu ou pas ; n'a pas envie de travailler, d'avoir des activités sexuelles ; se trouve des excuses pour éviter certaines choses ou ne pas les faire (* *maux de dos*) ; se glorifie parfois d'être profondément déprimée (* *« C'est pire que ce que tu penses »*), se valorise d'être profondément dévalorisée ; veut de l'attention ; attend de ne plus être déprimée avant de faire des efforts, d'agir.

Exercice — Mise en situation

1. Quelles sont les idées qui me perturbent ? ______

______

2. Qu'est-ce que je me dis avant la situation ? ______

______

3. Qu'est-ce qui contribue à augmenter mon anxiété ? ______

______

4. Sur quoi se porte mon attention (* *sensation physique*)? ______

______

5. Est-ce que ça contribue à augmenter ou à diminuer mon anxiété? ______

______

Intervention

- Les changements peuvent prendre quelques mois.
- Le diagnostic est plus difficile chez les personnes qui cachent leurs émotions.
- Le traitement, sa nature et son efficacité dépendront de plusieurs facteurs tels que la complexité du mal, l'intensité de la déprime, les réactions de l'entourage, l'état physique, les désirs du patient de s'aider, la «force» des idées irréalistes.
- La culture d'idées réalistes est un élément clé du traitement pour la déprime.
- L'abandon des démarches d'évaluation est la cible de l'intervention.
- Parmi les tâches de l'intervenant, on trouve:
  - si la personne se dit déprimée, lui demander ce qu'elle veut dire;
  - établir les avantages qu'elle en retire (non pas au début de l'intervention parce qu'elle peut devenir agressive);
  - donner certaines explications sur l'évolution de la guérison qui se fait souvent en dents de scie;
  - aider la personne à distinguer ce qu'elle désire (ses goûts) de ce qui est utile;
  - aider à prendre conscience que les résultats peuvent être à long terme. La personne doit faire de nombreux efforts sans voir de résultat et c'est une bonne occasion de découragement;
  - informer la personne sur son état. Elle peut alors dédramatiser la situation, trouver des solutions, réduire son anxiété;
  - expliquer que l'absence de visibilité des changements ne signifie pas qu'il ne se passe rien et que c'est inutile de continuer à agir;
  - aider la personne à reconnaître et à évaluer les symptômes (les siens);
  - aider la personne à croire qu'elle peut s'en sortir;.
  - avant qu'elle soit relativement bien, éviter de lui parler des défis et des difficultés qu'elle aura à affronter (* *lors du retour au travail, le rattrapage à faire, l'attitude nuisible des autres*);
  - mettre en évidence ses choix (* *souffrir sans bouger ou agir*);
  - définir ce que la personne aime et déteste;
  - aider la personne à verbaliser son problème, ce qu'elle ressent;
  - aider la personne à établir ses intérêts et à s'en occuper.

- L'intervenant peut proposer à la personne déprimée différentes stratégies, comme :
  - prendre conscience que plusieurs de nos prétendus besoins ne sont pas essentiels, mais des désirs ;
  - noter tout ce qui l'intéresse (attire son attention) (* *animal préféré*) ;
  - sortir de la routine : élaborer un projet, se gâter ;
  - établir ses responsabilités ;
  - éveiller ses sens (* *sentir différentes odeurs*) ;
  - suivre une psychothérapie ;
  - dresser la liste de ce qu'elle a produit au cours de l'année (ses succès, ses progrès) ;
  - tenter de flotter au-dessus de ses problèmes (ne pas lutter) ;
  - vivre dans un milieu structuré ;
  - se donner des buts et passer à l'action ;
  - avoir une bonne alimentation ;
  - cultiver des idées réalistes ;
  - faire de la visualisation en se voyant confiante, souriante, à l'aise ;
  - écrire en détail ses qualités ;
  - se maquiller, s'habiller pour plaire, ce qui permet de se valoriser, d'être fière de soi et de s'accorder de l'importance.

Exercice — Solutions spécifiques

Objectifs

- Être conscient qu'il existe beaucoup de solutions.
- Connaître des solutions.
- Réduire votre sentiment d'impuissance.

Directives

- Indiquez si vous pouvez ou non utiliser les solutions suivantes en cochant l'endroit approprié.
- Nuancez vos réponses. Si vous songez à d'autres, ajoutez-les à la fin de la liste.

Solutions	Puis-je les utiliser ? Non … Oui							
	0	1	2	3	4	5	6	7
Sur le plan cognitif								
1. Accepter d'être confus, d'avoir des idées noires.	○	○	○	○	○	○	○	○
2. Accepter les réactions normales ainsi que les hauts et les bas inévitables de la vie (* *périodes d'épuisement, baisses d'énergie après un accouchement*).	○	○	○	○	○	○	○	○
3. Adopter une pensée réaliste. * *Il est possible de devenir plus heureux, des efforts sont nécessaires pour changer.*	○	○	○	○	○	○	○	○
4. Préciser ce que vous pensez. * *Je suis las, fatigué, je suis tanné de... dans ma vie ou mon travail.*	○	○	○	○	○	○	○	○
5. Bannir l'usage de la pensée positive. * *« Ça ira mieux », « C'est juste un petit nuage ».*	○	○	○	○	○	○	○	○
6. Confronter vos idées irréalistes.	○	○	○	○	○	○	○	○
7. Éviter de prendre trop de décisions.	○	○	○	○	○	○	○	○
8. Cesser de croire à la perfection.	○	○	○	○	○	○	○	○
9. Établir des avantages à toutes les situations parce que vous voyez tout en noir.	○	○	○	○	○	○	○	○
10. Évaluer vos croyances.	○	○	○	○	○	○	○	○
11. Établir ce que vous pensez de vous-même.	○	○	○	○	○	○	○	○
12. Reprendre graduellement vos responsabilités.	○	○	○	○	○	○	○	○
13. Noter par écrit les pensées obsédantes.	○	○	○	○	○	○	○	○
14. Vous dire des idées qui provoquent l'espoir.	○	○	○	○	○	○	○	○
15. Vous rencontrer afin de parler de * *vos peurs, votre culpabilité, vos pertes d'autonomie.*	○	○	○	○	○	○	○	○
16. Vous visualiser en étant actif, souriant.	○	○	○	○	○	○	○	○

Solutions	Puis-je les utiliser ? Non							Oui
	0	1	2	3	4	5	6	7
17. Tenter de flotter au-dessus de vos problèmes, vous visualiser, ne pas lutter.	○	○	○	○	○	○	○	○
18. Autres :	○	○	○	○	○	○	○	○
19.	○	○	○	○	○	○	○	○
20.	○	○	○	○	○	○	○	○
TOTAL								
Sur le plan comportemental								
1. Choisir des activités agréables.	○	○	○	○	○	○	○	○
2. Cesser toute évaluation globale de vous parce qu'il s'agit d'une démarche absurde, irréaliste et nuisible.	○	○	○	○	○	○	○	○
3. Écrire la liste des messages dévalorisants que vous utilisez.	○	○	○	○	○	○	○	○
4. Malgré le manque d'énergie et d'intérêt, vous inciter à être plus actif physiquement. Il faut dépenser de l'énergie pour en avoir davantage. Les bénéfices de l'exercice sont multiples (* *procure une fatigue saine qui favorise un repos de qualité, le calme ; détourne l'attention du problème*).	○	○	○	○	○	○	○	○
5. Combattre les idées désagréables par d'autres tout aussi irréalistes, mais agréables (* *« Je suis bon, généreux, gentil »*).	○	○	○	○	○	○	○	○
6. Couper la télévision.	○	○	○	○	○	○	○	○
7. Participer à des groupes de soutien.	○	○	○	○	○	○	○	○
8. Adopter des comportements contraires à vos comportements dépressifs (* *siffler, rire, chanter, sourire*).	○	○	○	○	○	○	○	○
9. Connaître les périodes vulnérables et attendre que ça se passe.	○	○	○	○	○	○	○	○

Solutions	Puis-je les utiliser ? Non							Oui
	0	1	2	3	4	5	6	7
10. Fuir les occasions, les situations déprimantes.	○	○	○	○	○	○	○	○
11. Fuir les occasions de tristesse.	○	○	○	○	○	○	○	○
12. Réduire la durée du temps consacré à penser à votre mal.	○	○	○	○	○	○	○	○
13. Vous exposer à la lumière.	○	○	○	○	○	○	○	○
14. Exécuter certaines tâches qui aident à penser à autre chose.	○	○	○	○	○	○	○	○
15. Réduire (au début) les dépenses d'énergie.	○	○	○	○	○	○	○	○
16. Faire seul des actions.	○	○	○	○	○	○	○	○
17. Vous forcer à parler.	○	○	○	○	○	○	○	○
18. Vous forcer pour rire en cherchant des occasions.	○	○	○	○	○	○	○	○
19. Noter vos pensées et actions dans votre cahier personnel. Cela aide à vous observer, à prendre conscience de vos progrès, à augmenter votre confiance.	○	○	○	○	○	○	○	○
20. Critiquer vos idées et les changer.	○	○	○	○	○	○	○	○
21. Dresser la liste des éléments à ne pas perdre (ce à quoi vous tenez).	○	○	○	○	○	○	○	○
22. Énumérer les avantages (renforcements) qui contribuent à maintenir vos comportements dépressifs.	○	○	○	○	○	○	○	○
23. Cesser de résister afin de ne pas créer de l'anxiété et un stress supplémentaire.	○	○	○	○	○	○	○	○
24. Vous fixer un horaire.	○	○	○	○	○	○	○	○
25. Dresser la liste de ce que vous fuyez.	○	○	○	○	○	○	○	○

Solutions	Puis-je les utiliser ? Non							Oui
	0	1	2	3	4	5	6	7
26. Observer, manipuler, examiner des objets usuels qui vous entourent (* *grains de sable*) afin de détourner votre attention, de penser à autre chose, de vous ouvrir à la réalité, au concret, à l'environnement.	○	○	○	○	○	○	○	○
27. Distinguer les gestes utiles de ceux inutiles.	○	○	○	○	○	○	○	○
28. Vous maquiller.	○	○	○	○	○	○	○	○
29. Éviter la solitude.	○	○	○	○	○	○	○	○
30. Vous détendre chaque jour.	○	○	○	○	○	○	○	○
31. Agir calmement.	○	○	○	○	○	○	○	○
32. Pratiquer vos activités (si c'est possible et sans trop d'inconvénients).	○	○	○	○	○	○	○	○
33. Ne pas perdre de temps à dire comment ça aurait pu être.	○	○	○	○	○	○	○	○
34. Être actif, mais sans chercher à atteindre des objectifs et sans vous étourdir.	○	○	○	○	○	○	○	○
35. Acquérir des idées réalistes. * «*Si je ne fais rien, je ne peux pas réussir. Pour réussir, je dois fournir des efforts.*»	○	○	○	○	○	○	○	○
36. Décrire ce que sera votre situation après votre guérison.	○	○	○	○	○	○	○	○
37. Attaquer la notion irréaliste de justice, de mérite.	○	○	○	○	○	○	○	○
38. Passer à l'action.	○	○	○	○	○	○	○	○
39. Dans le cas de la dépression, traiter prioritairement l'état physique.	○	○	○	○	○	○	○	○
40. Dans le cas de la déprime, travailler prioritairement et majoritairement les idées.	○	○	○	○	○	○	○	○
41. Ne pas rester inutilement en vêtement de nuit.	○	○	○	○	○	○	○	○

Solutions	Puis-je les utiliser ? Non							Oui
	0	1	2	3	4	5	6	7
42. Utiliser de belles choses que vous avez et que vous aimez (* *vêtements, vaisselle*).	○	○	○	○	○	○	○	○
43. Éviter certains termes.	○	○	○	○	○	○	○	○
44. Agir sur le coup, éviter les hésitations.	○	○	○	○	○	○	○	○
45. Exposer vos problèmes, ce qui aide à prendre du recul.	○	○	○	○	○	○	○	○
46. Vous exposer à la lumière.	○	○	○	○	○	○	○	○
47. Prendre seul de petites décisions.	○	○	○	○	○	○	○	○
48. Faire seul des tâches courtes et faciles, ce qui aide à rehausser la confiance.	○	○	○	○	○	○	○	○
49. Prendre l'initiative d'une sortie.	○	○	○	○	○	○	○	○
50. Autres :	○	○	○	○	○	○	○	○
51.	○	○	○	○	○	○	○	○
52.	○	○	○	○	○	○	○	○
TOTAL								
Sur le plan émotif								
1. Renforcer l'affirmation de soi.	○	○	○	○	○	○	○	○
2. Accepter la présence de l'émotion, ce qui aide à dédramatiser ce qui vous arrive.	○	○	○	○	○	○	○	○
3. Consulter un professionnel de la santé, parler à un tiers de votre situation.	○	○	○	○	○	○	○	○
4. Démontrer que l'espoir est réaliste. * *En consultant, la personne a déjà commencé à s'aider.*	○	○	○	○	○	○	○	○
5. Augmenter les occasions de plaisirs.	○	○	○	○	○	○	○	○
6. Favoriser l'acceptation de soi.	○	○	○	○	○	○	○	○

Solutions	Puis-je les utiliser ? Non							Oui
	0	1	2	3	4	5	6	7
7. Vous regarder dans un miroir, ce qui favorise l'acceptation de soi.								
8. Vous abstenir de vous apitoyer sur votre sort.								
9. Exprimer vos émotions.								
10. Nommer vos frustrations.								
11. Accepter vos émotions désagréables sans tenter de les fuir (* *angoisse*).								
12. Ne pas vous attendrir sur vous-même.								
13. Ne pas essayer de vous forcer pour aimer.								
14. Être fier de votre personne (* *propreté, vêtements*).								
15. Autres :								
16.								
17.								
TOTAL								
Sur le plan physique								
1. Porter une attention particulière au repos, à l'exercice, à l'alimentation.								
2. Avoir une activité régulière.								
3. Autres :								
4.								
5.								
TOTAL								

Solutions	Puis-je les utiliser ? Non							Oui
	0	1	2	3	4	5	6	7
Sur le plan professionnel								
1. Évaluer vos tâches.	○	○	○	○	○	○	○	○
2. Autres :	○	○	○	○	○	○	○	○
3.	○	○	○	○	○	○	○	○
TOTAL								
Sur le plan social								
1. Augmenter les contacts sociaux.	○	○	○	○	○	○	○	○
2. Établir des sujets de discussion, d'intérêt (dans les groupes d'aide).	○	○	○	○	○	○	○	○
3. Pratiquer l'affirmation de soi.	○	○	○	○	○	○	○	○
4. Évaluer vos relations interpersonnelles.	○	○	○	○	○	○	○	○
5. Aider d'autres personnes.	○	○	○	○	○	○	○	○
6. Contacter des amis afin de briser l'isolement social.	○	○	○	○	○	○	○	○
7. Dire non, refuser, ce qui aide à l'affirmation.	○	○	○	○	○	○	○	○
8. Autres :	○	○	○	○	○	○	○	○
9.	○	○	○	○	○	○	○	○
10.	○	○	○	○	○	○	○	○
TOTAL								
En regard des objectifs								
1. Vous fixer un objectif qui rejoint certaines de vos valeurs.	○	○	○	○	○	○	○	○
2. Planifier un projet.	○	○	○	○	○	○	○	○

Solutions	Puis-je les utiliser ? Non							Oui
	0	1	2	3	4	5	6	7
3. Vous fixer de petits objectifs à court terme et quand ça va mieux, d'autres à moyen et à long termes, ce qui permet de donner un sens à votre vie, à vos efforts.	○	○	○	○	○	○	○	○
4. Ne pas mesurer votre évolution, vos progrès.	○	○	○	○	○	○	○	○
5. Autres :	○	○	○	○	○	○	○	○
6.	○	○	○	○	○	○	○	○
7.	○	○	○	○	○	○	○	○
TOTAL								

Corrigé

- Additionnez tous les résultats (ex. : 0 + 2 + 4, etc.) de toutes les sections.
- Plus le résultat est élevé, plus vous avez ce qu'il faut pour améliorer votre situation. Vous avez les aptitudes et le désir de changer.

Exercice

Des méthodes qui ont fait leurs preuves

Objectifs

- Connaître des méthodes qui donnent de bons résultats.
- Connaître les raisons qui les rendent efficaces.

Directive

- Écrivez à côté de chacune des méthodes pourquoi elles sont efficaces.

Méthodes	Raisons
1. Faire des activités.	
2. Reconnaître et accepter ma déprime, ma dépression.	
3. Faire des choses pour d'autres. * *Donner de l'aide.*	
4. Sourire.	
5. Marcher rapidement, ne pas se traîner les pieds.	
6. Se redresser.	
7. Faire de l'exercice.	
8. Sortir à l'extérieur, à la lumière, au soleil.	
9. Détourner son attention de soi vers les autres.	
10. Briser l'isolement.	
11. Penser à autre chose qu'à soi.	
12. Exprimer ses émotions.	

Exercice

Solutions diverses

Directive

- Écrivez les choses que vous pouvez facilement faire et qui vous seraient utiles.
- Écrivez ensuite ce que vous feriez avec elles et dites pourquoi.

Méthodes utiles	Ce que je compte faire	Ce que je ne compte pas faire	Pourquoi?
1.			
2.			
3.			
4.			
5.			
6.			

Écrivez ci-dessous les gestes que vous comptez faire, puis répondez aux questions.

Gestes à faire	Quand?	Où?	Avec qui?	Comment?

Gestes à faire	Quand?	Où?	Avec qui?	Comment?

Réflexion personnelle

Exercice

1. Écoutez les gens et notez leurs paroles qui pourraient laisser croire qu'ils ressentent de la déprime.

____

2. Écrivez ensuite leurs comportements. ______________________________

____

3. Trouvez une phrase vraie que vous pourriez leur dire et qui est susceptible de les aider. ______________________________

____

4. Dites-leur la phrase.
5. Observez et notez leurs réactions. ______________________________

____

6. Nommez cinq choses que vous auriez avantage à ne plus vous dire.
   1. ______________________________
   2. ______________________________
   3. ______________________________
   4. ______________________________
   5. ______________________________

Idées réalistes

- Je suis le seul à pouvoir me déprimer et à cesser de me déprimer.
- Mes succès et mes échecs ne peuvent modifier ma nature humaine ni ma supposée valeur personnelle.
- Mes caractéristiques, mes paroles, mes gestes viennent de moi, mais ils ne sont pas moi.
- Le fait que mes caractéristiques changent ou ne plaisent pas à d'autres ne change pas ma valeur inexistante.
- Tant que je serai un être humain, ma valeur, si elle existait, serait toujours celle d'un être humain et ne pourrait pas changer.

Désespoir

Le désespoir est plus fréquent chez les gens qui croient avoir besoin d'une foule de choses. Plus il y en a, moins il y a de probabilité de les obtenir.

Ces personnes croient souvent que tout ce qu'elles désirent est nécessaire, essentiel, primordial et irremplaçable.

L'idée qui cause le désespoir peut être vraie, fausse ou douteuse.

Synonymes

Découragement, démoralisation, désappointement, désillusion, détresse, tourment.

Expressions utilisées pour en parler

- «C'est fini.»
- «Il n'y a plus rien à faire.»
- «Cela ne donne plus rien de lutter.»
- «Seul un miracle pourrait nous sauver.»
- «J'ai perdu ma dernière chance.»
- «Rien ne réussit.»
- «C'était le dernier geste à faire.»
- «Cela ne marche jamais.»
- «J'arrive au bout de mon chemin.»
- «Rien ne pourrait me sauver.»

Causes

- Cette chose, cet événement, cette personne que je veux beaucoup n'arrivera jamais.
- Je le désire fortement et je ne l'aurai jamais.
- Je ne pourrai jamais connaître le bonheur ou sortir de l'état pénible dans lequel je me trouve.

Exercice — Questions de confrontation

1. Est-ce certain? __________
2. Puis-je prédire l'avenir? __________
3. Le fait que je désire une chose la rend-elle obligatoire? __________
4. Puis-je être heureux sans ça? __________
5. Le fait de ne pas trouver de solution prouve-t-il qu'il n'y en a pas? __________

Émotions nuisibles

Voici des émotions, des comportements, des conséquences et des problèmes qui peuvent résulter du désespoir, ainsi que des interventions possibles.

Émotions	Comportements	Conséquences	Problèmes	Interventions
Anxiété	• Fuir. • Garder le silence. • Hésiter. • Être soumis. • Refuser de prendre des risques. • Mentir. • Nier.	• Des insatisfactions. • Les besoins des autres passent avant les miens. • Méfiance. • Perte de lucidité.	• Trouble de la concentration. • Stress. • Rigidité excessive. • Épuisement. • Attaque, agression avant de l'être soi-même.	• Attaquer les idées. • Dédramatiser. • Tenter de hausser la confiance. • Évaluer les dangers, les probabilités. • Renforcer l'affrontement.
Culpabilité	• S'excuser. • S'expliquer longuement. • Utiliser des excuses. • Se blâmer. • Se racheter.	• Se punir. • Se dénigrer. • Se priver de plaisirs inoffensifs. • Rechercher l'approbation. • Donner pour se faire pardonner.	• Malheur. • Dévalorisation. • Déprime. • Apathie. • Trop donner, gâter. • Frustration.	• Confronter les idées. • Modifier ses comportements. • S'attaquer aux notions du bien et du mal. • Distinguer les gestes de la personne.

Émotions	Comportements	Conséquences	Problèmes	Interventions
Déprime	• Se dévaloriser. • Se négliger. • Ne pas essayer. • Exagérer les difficultés. • Céder sa place.	• Être apathique. • Manquer d'effort. • Attendre après les autres. • Se comparer aux autres. • S'apitoyer sur son sort.	• Isolement. • Fuite. • Dépendances. • Rumination mentale.	• Cesser de s'évaluer. • Le passage à l'action.
Hostilité	• Blâmer les autres. • Imposer ses idées. • Confronter. • Ridiculiser. • Ne pas reconnaître ses torts.	• S'entêter. • Insister abusivement. • Rechercher le pouvoir. • Décider pour les autres. • S'entêter dans ses erreurs. • Avoir des communications malsaines. • Faire des abus.	• Fuir les autres. • S'attaquer à des boucs émissaires. • Vengeance des autres. • Réactions disproportionnées.	• Enseigner l'affirmation. • Confronter ses idées. • Se ventiler d'une façon non nuisible.
Jalousie	• Questionner. • Faire des crises. • Épier.	• Étouffer l'autre. • Avoir des conflits. • Faire fuir l'autre. • Être en compétition. • Vouloir des preuves. • Se venger. • Punir. • Dénigrer.	• Malheur. • Obsession. • Contrôle abusif. • Violence. • Douleur. • Harcèlement.	• Ne pas céder. • Confronter ses idées. • Tenter de hausser la confiance.

Émotions	Comportements	Conséquences	Problèmes	Interventions
Orgueil	• Éviter des magasins à prix réduit. • Acheter des objets de marques réputées. • Acheter plus cher pour les apparences. • Ne pas demander de l'aide. • Ne pas reconnaître ses torts. • S'entêter dans une mauvaise décision. • Refuser les conseils.	• Dépenser trop, mal. • Être en compétition avec des parents, des amis. • Être centré sur le paraître. • Forcer, travailler trop fort inutilement.	• Difficultés financières. • Stress. • Négation de ses besoins. • Priorités inadéquates. • Arrogance.	• Des cibles : – la valeur humaine ; – les priorités ; – le bonheur ; – l'identification de ses besoins, de ses priorités.
Tristesse	• Pleurer. • Fuir le plaisir. • Se plaindre.	• Se retirer.	• Malheur. • Solitude.	• Confronter ses idées. • Cibler des objectifs.

Émotions nuisibles

Directive

- Pour chacune des émotions nuisibles, écrivez un comportement qui en découle, un comportement pour le remplacer et une intervention utile.

Émotion	Comportement		Intervention
	Fréquent	De remplacement	
Aversion			
Découragement			
Désespoir			
Haine			
Honte			
Infériorité			
Méfiance			
Mépris			
Pitié			
Regret			
Supériorité			

Corrigé (à titre indicatif)

Émotion	Comportement		Intervention
	Fréquent	De remplacement	
Aversion	Dénigrer.	Reconnaître les qualités.	Faire une évaluation objective.
Découragement	Abandonner.	Persévérer.	Renforcer l'effort.
Désespoir	Laisser tomber.	Essayer.	Chercher du soutien.
Haine	Éviter.	Fréquenter.	Nommer des avantages à...
Honte	Se cacher.	S'exposer.	Accepter.
Infériorité	Se dénigrer.	Se vanter.	Se trouver des qualités.
Méfiance	Émettre des doutes.	Accorder la confiance.	Faciliter la connaissance.
Mépris	Rabaisser.	Valoriser.	Modifier ses critères.
Pitié	Plaindre.	Laisser se débrouiller.	Évaluer globalement, à long terme.
Regret	S'excuser.	Accepter ses gestes.	Se centrer sur le futur.
Supériorité	Se vanter, rabaisser.	Dire ses points faibles.	Attaquer la valeur humaine.

Dévalorisation

Synonymes

Dépréciation, dévaluation, infériorisation.

Constatations

- Il s'agit ici d'une demande qui consiste à se rabaisser, à se dénigrer.
- Ce comportement mène vers la déprime, c'est-à-dire la croyance de valeur que l'on ne vaut rien.
- La cause en est que notre valeur baisse.

Idées qui la causent

- Si j'étais une bonne personne, ça ne serait pas arrivé.
- Je suis marqué, souillé à jamais.
- Tout le monde sait maintenant quelle sorte de personne je suis.
- Je suis un incompétent, un nul et j'en ai fait la preuve.
- J'ai montré ce que je suis vraiment et aussi ce que je ne suis pas.
- Les autres ne me feront plus confiance.
- Les autres ne pourront plus aimer une personne comme moi.

Effets

La personne se perçoit inapte, incompétente, inférieure. Elle se sentira anxieuse en regard des difficultés à affronter.

Occasions de dévalorisation

- Pour l'aidant, les clients qui se sentent supérieurs, qui ont de grandes connaissances, qui cherchent à le prendre en défaut, qui critiquent la méthode lorsqu'il n'y a pas de progrès, lorsqu'il y a des lois, des règles dont il faut tenir compte, lorsque l'aidant n'a pas les connaissances pour les aider.
- Ne pas avoir ses cartes de compétence et exécuter des tâches de bas niveau et rater des contrats.

Intervention

- Écrire tous les mots souvent utilisés pour juger les gens (* *nul, bon, gentil, méchant*).
- S'astreindre à les éliminer, à les bannir de son vocabulaire.
- Bannir l'usage de tous les adjectifs. Même si l'emploi de certains apporte peu ou pas d'inconvénients à court terme (* *beau, délicieux, agréable*), à long terme, cela renforce l'habitude nuisible d'évaluer les choses et les personnes ; aide à croire que ces étiquettes existent dans la réalité (* *beauté, laideur, gentillesse*), ce qui est faux. Ça amène à croire que mon jugement ou ma préférence est la vérité.
- Afin de remplacer l'habitude nuisible précédente et d'acquérir des idées saines et réalistes, choisir des phrases à utiliser : * *«Ça me plaît», «Je lui déplais», «Je ne corresponds pas à ses goûts», «Il a cette caractéristique»*. Cela n'empêche pas d'être à l'écoute et de tenir compte de la rétroaction des autres. C'est parfois utile d'agir afin de plaire à certaines personnes et d'essayer de modifier certaines de nos caractéristiques afin de nous améliorer. Toutefois, on le fait à partir d'idées réalistes, d'une saine recherche d'avantages et non parce que c'est beau, que ma valeur va augmenter ou que je dois lui plaire.

Espoir

L'espoir a pour base le désir, la confiance.

Synonymes

Confiance, désir, espérance, souhait.

Expressions utilisées pour en parler

- «Je compte sur...»
- «J'espère qu'il tiendra sa parole.»
- «C'est une personne à qui on peut se fier.»
- «J'escompte bien que cela arrivera.»
- «C'est prévu comme ça.»
- «Il me l'a promis.»
- «J'ai de bonnes chances.»
- «Cela devrait marcher.»
- «Cela fait si longtemps que j'y pense.»
- «Un jour, ce sera mon tour.»
- «Après la pluie, il y aura bien du soleil.»
- «Cela ira comme sur des roulettes.»

Exercice Mise en situation

Répondez aux questions suivantes.

1. L'espoir est-elle une émotion à :

   ❑ promouvoir ? ❑ encourager ? ❑ valoriser ?

   Si oui, pourquoi ? ______

   Sinon, pourquoi ? ______

2. Cette émotion est-elle utile ou nuisible ? ______

   Expliquez. ______

3. Quels sont les effets de l'impact, des conséquences de cette émotion ? ______

4. Quand est-il pertinent de :

   réagir ? ______

   s'abstenir ? ______

Constatations

- Cette émotion est fortement influencée par la présence de certaines autres émotions comme le niveau de confiance de la personne et le désir. Mais ces émotions sont distinctes et indépendantes. L'une peut exister sans l'autre. J'ai peu confiance en moi, mais je vois à tort ou non des solutions, j'ai de l'espoir. * *Je suis un excellent nageur, mais je tombe à la mer et le bateau s'en va. J'ai une grande confiance dans mes capacités, mais je n'ai pas d'espoir. Un expert très habile et confiant dans ses connaissances et compétences se perd dans une grotte et perd espoir.*
- Les expériences antérieures (* *succès ou échec*), les connaissances (* *sur la situation vécue, sur les ressources disponibles*) et l'état présent de la personne (* *énergie ou fatigue, maladie*) rendent plus ou moins probable et facile la création de cette émotion.

- La présence de l'espoir signifie que souvent la personne veut, souhaiterait avoir, être, etc. Le désir doit être présent dans ces cas. Mais devant un élément indésirable, la personne peut aussi croire ou voir que c'est possible que ça arrive. Peut-on parler d'espoir ou de résignation anticipée? Même si techniquement je peux avoir l'idée que ça peut arriver, il y a des probabilités; c'est aussi une forme d'espoir.
- L'espoir ouvre la porte à la déception. Il arrive que la personne ne veuille plus espérer parce qu'elle en a assez de souffrir, d'être déçue.
- Cette émotion est souvent utile, et la confronter n'est pas toujours indiqué.
- L'idée qui crée l'espoir peut être vraie, fausse ou douteuse.
- La comparaison d'événements vécus: Qu'est-ce que c'était? Quel était le niveau de souffrance? Quelle a été l'évolution? Combien cela a-t-il pris de temps? Comment avez-vous fait pour que ça aille mieux? Comment est votre souffrance actuellement en regard de cet événement?

Idées qui le créent

- Cet événement, cette chose ou cette personne que je désire, que je veux, arrivera.
- J'obtiendrai ce que je veux.
- Ce que je désire arrivera probablement ou certainement.

Caractéristiques

- L'espoir peut être nuisible. * *Lorsqu'il n'y a plus de chance de...*
- La personne peut s'épuiser, se détruire à essayer. * *Lors d'une séparation.*
- La personne se fait du mal inutilement s'il n'y a pas de possibilité de succès.
- Il peut reposer sur le mensonge ou la vérité (partiellement ou totalement).

Effets

- L'espoir peut bloquer l'action et le changement. * *Espérer que mon conjoint arrête de boire.*
- Il a des effets temporaires: un soulagement, un certain bien-être.

Intervention

- La présence d'informations, de compétences, de ressources internes et externes permet à la personne d'évaluer avec plus de précision la situation et de découvrir des solutions, des pistes d'action. La création de l'espoir en sera facilitée.
- Évaluer la situation et le réalisme de l'espoir.
- Comme c'est souvent le cas, il est utile d'intervenir sur deux fronts, soit : tenter de hausser l'espoir grâce à l'acquisition des idées ; tenter de réduire le désespoir et le découragement grâce à la confrontation des idées qui les causent.
- Il est souvent utile de s'attaquer à la dramatisation. Si le problème est surévalué, la création de l'espoir sera plus ardue.
- Agir afin de hausser la confiance est souvent bénéfique.
- La hausse du désir aide aussi (ce qu'on appelle souvent la motivation).
- Intervenir sur le plan de l'anxiété. La confrontation des idées irréalistes liées au sentiment d'incompétence peut permettre à la personne de mieux percevoir ses compétences et ainsi faciliter la création de l'espoir.

Exercice — Questions de confrontation

1. Comment évaluez-vous votre capacité à surmonter cet événement et à aller mieux?

0 1 2 3 4 5 6 7

2. Sur quoi vous basez-vous pour vous évaluer ainsi? ____________
3. Est-ce certain? ____________
4. Y a-t-il parfois des obstacles imprévisibles? ____________
5. Vous arrive-t-il de ne pas atteindre votre objectif? ____________
6. Le fait de vouloir une chose la fait-il arriver automatiquement? ____________
7. De quel type de désir s'agit-il? ____________

8. Si on vous revoit dans un mois, trois mois ou six mois, comment allez-vous être?

Pourquoi?

Obstacles

- Beaucoup de personnes préconisent, croient, valorisent la pensée positive. Pour elles, c'est l'espoir à tout prix, dans tout.
- D'autres ont des attitudes et des croyances défaitistes, pessimistes. Ces personnes résistent à la création de l'espoir, même si les solutions sont nombreuses, accessibles.
- L'état de la personne, ses traits de personnalité peuvent influencer grandement (* *personnalité dépressive, personne apathique, malade, âgée*).
- L'environnement peut aussi être défavorable (* *un environnement de plaintes, de critiques fréquentes*).
- La présence de certaines émotions nuit à la création de l'espoir. La dévalorisation et la sous-estimation des capacités rendent plus difficile la création de cette émotion.

Idées réalistes

- La création de l'espoir n'est pas toujours souhaitable parce que ça peut conduire à un plus grand désespoir, ouvrir la porte à la tristesse, à la frustration, ou parce que ça réduit les possibilités d'acceptation des situations inévitables ou non. Or, cette émotion est souvent utile.
- Un désir réaliste peut se réaliser.
- Un désir irréaliste ne peut pas se réaliser.

Fierté

La fierté affecte souvent l'estime et l'évaluation de soi. Elle est utile pour combattre la déprime. La personne peut s'entêter dans des décisions nuisibles (* *pour ne pas perdre la face, pour ne pas demander de l'aide*). La fierté provoque parfois la surestimation de certaines caractéristiques.

- Les occasions : tout est possible (* *son nom, son titre, sa famille, ses possessions*).
- Des effets possibles : un manque de tolérance, du mépris, de l'hostilité, des manies.

Elle peut conduire à la paranoïa et au délire des grandeurs. On parle ici de maladie mentale.

Synonymes

Contentement, dignité, orgueil, satisfaction, vanité.

Expressions utilisées pour en parler

- « J'ai vraiment fait un bon coup. »
- « Cela valait la peine de me forcer. »
- « Cette fois, j'ai bien réussi. »
- « C'est dans la poche. »
- « Plus rien ne pourra me l'enlever. »
- « J'ai visé juste. »
- « Quand on s'y prend bien, ça marche. »
- « J'ai eu ce que je voulais. »
- « Il suffit de savoir ce que l'on veut. »
- « J'ai fait un travail remarquable, de première qualité. »
- « Cela méritait d'être bien fait. »
- « Cette fois, je l'ai eu, je n'ai pas manqué ma chance. »
- « Cette fois, j'ai visé dans le mille. »
- « Je suis content. »

Constatations

- La fierté est une émotion souvent recherchée.
- Des personnes se «brûlent» pour ressentir la fierté.
- Un grand nombre d'éléments peuvent être utilisés, dont les enfants.
- Des personnes prennent des risques afin de faire, de réussir, puis d'être fières (* *«Je l'ai fait», en pratiquant des sports*).
- C'est une émotion très désirable pour certains types de personnes (* *dévalorisées; qui se croient sans valeur*).

Buts

- Être différent.
- Se distinguer des autres.
- Paraître, briller, se grandir.

Idées qui créent la fierté

- Ce que j'ai fait, accompli ou accomplirai est, a été ou sera bon, agréable, avantageux.
- Il y a souvent une idée de supériorité sous-jacente.

Caractéristiques

- Certains y perçoivent une certaine dignité.
- La personne est contente d'elle-même, de ce qu'elle a fait.
- L'humilité est souvent présente.
- La fierté est toujours accompagnée de joie.

Questions de confrontation

Exercice

1. Puis-je démontrer qu'il en a été, en est ou en sera ainsi? ______
2. S'agit-il d'un fait, d'un objectif ou d'une opinion personnelle nécessairement subjectif?

______

Haine

À la base de la haine, on trouve un désir insatisfait, la présence de tristesse, de critères d'évaluation, de préférence significative et l'acceptation de ce qui déplaît sans tentative de vouloir le changer.

Tel événement, telle chose ou telle personne est perçu à tort comme la cause de ma tristesse, de mon déplaisir, de mes émotions désagréables. La haine est alors confondue avec l'hostilité, le dégoût.

Synonymes

Animosité, antipathie, aversion, dégoût, écœurement, hostilité, mépris, rancune, répugnance, ressentiment.

Expressions utilisées pour l'exprimer

- « Je me passerais bien de cela. »
- « Je fais tout pour l'éviter. »
- « Je ne suis pas capable de le sentir. »
- « J'en ai ras le bol de... »
- « Juste à le voir, à y penser, je... »
- « Rien qu'à y penser, j'ai envie de vomir. »
- « Cela m'empêche de dormir. »
- « J'ai mal seulement à y penser. »
- « Je lui souhaite de mourir à petit feu. »
- « Moins il vivra, plus longtemps je serai heureux. »
- « C'est dégoûtant. »
- « Rien qu'à le voir, c'est assez. »
- « S'il savait jusqu'à quel point il m'écœure. »
- « Il n'est même pas bon pour faire des remèdes. »
- « Il m'est antipathique. »

- «Je l'ai en grippe».
- «J'ai de la rancœur.»
- «Je ne peux pas le tolérer.»

Constatations

- Il est difficile de haïr une personne qui nous aime.
- La haine peut être présente sans hostilité.
- Elle n'existe pas en soi. Il s'agit en fait de tristesse.
- Ma tristesse (sa cause) est attribuée à tort à l'élément visé dont l'effet est ma frustration (je n'obtiens pas ce que je désire). Je rends responsable... (* *une personne de mon insatisfaction, de mon déplaisir*).
- Il est impossible de l'éviter, de ne jamais la ressentir parce que nous avons tous des préférences, des besoins, des désirs. Les humains, les choses ont des caractéristiques variables changeantes.
- La cible de la haine est parfois évitable lorsque l'objet de haine (* *personne, nourriture, activité, couleur, animaux rampants, texture d'un tissu*) peut être facilement évité. Si ce n'est pas le cas, ce sera plus ardu. D'autres émotions accompagneront plus sûrement la haine, comme l'hostilité.
- La liberté ou la contrainte relativement aux occasions de haine auront une influence majeure. Mon besoin réel ou imaginé sera aussi un facteur déterminant. * *J'ai besoin de ce travail que je déteste, je crois que je ne peux pas le laisser. J'ai besoin de mon conjoint qui subvient à mes besoins*.
- Cette émotion est souvent perçue comme laide, «forte», grosse, intense, méchante, à éviter, à bannir, subséquente et pire que l'hostilité.
- La haine a pour effet une méconnaissance, une répression, la négation et une absence d'intervention.
- Elle est souvent niée, peu nuisible, surtout si on peut éviter, fuir la personne, la chose.
- Le mot «haine» est tu. * *La personne va dire plutôt: «Je ne l'aime pas.»*
- La haine a souvent peu d'effet et génère peu ou pas d'énergie et d'action.
- Selon les circonstances, ses effets peuvent être nuls ou importants. * *Je hais les oignons et je n'en mange pas, même s'il y en a qui en mangent autour de moi.» «Je hais ceux qui se vantent, mais c'est mon patron avec qui je travaille quotidiennement.» «Je hais ce programme violent et j'écoute autre chose.»*

Évolution

Indifférence	Haine	Hostilité	Mépris
• Absence d'émotions. • Il n'y a pas de réaction.	• Non-correspondance avec mes désirs, mes préférences. • Ça me déplaît.	• La haine est toujours présente. • En plus, il y a un désir, une volonté que l'élément change afin de correspondre à mes goûts. Il y a une exigence. Ça me déplaît, mais ça doit changer.	• Il est fréquent lorsqu'il y a de l'hostilité. • Je juge une situation médiocre, nulle, sans valeur, souvent parce que ça ne correspond pas à mes désirs. • L'évitement, le blâme sont souvent fréquents. • L'incapacité ou le refus de changer (* *de la personne*) est une occasion favorable de mépris.

Description

- La haine est l'émotion opposée à l'amour.
- Cette émotion est directement reliée à la tristesse que l'on éprouve à l'égard ou à l'occasion de... Il y a donc un désir insatisfait.
- Sans tristesse, il n'y a pas de haine. Toute haine est dans un sens une illusion parce que la chose, l'événement ou la personne ne peut causer ma tristesse. Elle n'en est que l'occasion.
- L'occasion est ici confondue avec la cause.
- Il est habituel de détester ce que font ceux qui nous nuisent. Les gens, pour l'amour et la haine, confondent l'acte, l'auteur, c'est-à-dire l'occasion et l'émotion qui sont créées par mon idée.
- Personne ne choisit de haïr.
- La peur, le sentiment d'impuissance et la frustration en sont souvent à l'origine.
- L'idée qui cause la haine est toujours irréaliste. L'élément visé ne cause pas ma tristesse.

- La haine est plus «sereine» que l'hostilité et génère moins d'énergie, de tension, d'action. On peut souvent fuir ce que l'on hait. * *Je hais les films d'amour, je ne les regarde pas.*
- Il peut y avoir haine sans hostilité. * *Je hais les betteraves, mais je ne tiens pas à ce qu'elles soient différentes.*
- La haine est plus facile à ressentir que l'hostilité, particulièrement quand on peut parfois éviter l'objet de haine.
- C'est mal vu de haïr, ce qui amène à nier et à cacher cette émotion. Elle est souvent perçue comme anormale, malsaine. * *Dans le fond, je ne te hais pas. Toi, on ne peut pas te haïr. Ne te sens pas visé. Ce n'est pas à toi en tant que personne. Tu le sais, au fond, que je ne te déteste pas. Il ne faut pas dire cela.*
- Il y a souvent plus d'acceptation ou de résignation dans la haine que dans l'hostilité.
- Souvent la personne dit qu'elle déteste, mais en réalité elle a peur. * *Je hais les souris. Mais elle en a peur.*

Occasions

- Les gens qui se plaignent.
- Les fumeurs.
- Les plats épicés.
- Les motos bruyantes.
- Les vendeurs au téléphone.
- Les gens qui se vantent.

Effet

La haine ne cause pas d'autres émotions, mais elle offre de bonnes occasions de s'en créer d'autres (* *hostilité*).

Exercice — Questions de confrontation

1. Comment cet événement, cette chose ou cette personne peut-il me causer des émotions? ____________________

2. Est-ce possible que des éléments extérieurs à moi me causent des émotions? ____________________

3. Qu'est-ce qui cause les émotions? ____________________

4. Les autres ressentent-ils la même chose que moi à l'égard de...? ____________________

5. Ne serait-il pas plus exact d'affirmer que cette personne, cette chose ou cet événement est l'occasion plutôt que la cause de mon déplaisir? ____________________

Honte

La honte est une émotion désagréable, qui est très près de la déprime. C'est une émotion complexe, c'est-à-dire qu'elle résulte de la présence d'autres émotions. Il s'agit d'une émotion contraire à la fierté, à l'admiration. Les idées qui causent la honte sont irréalistes.

La honte est apprise. * *L'enfant nu n'a pas honte si des gens le voient; s'il vomit au magasin; s'il crie pour un bonbon devant des visiteurs.*

À la base de la honte, on trouve:

- le besoin d'être aimé, d'appartenance, d'estime de soi, de se réaliser, d'être semblable aux autres;
- la peur du jugement des autres;
- le fait de croire à l'obligation de faire, de suivre.

Synonymes

Confusion, dégoût, déshonneur, embarras, humiliation, inconcevable, indignité, remords, sans honneur.

Expressions utilisées pour en parler

- «C'est déshonorant d'en arriver là.»
- «Je fais des choses vraiment dégueulasses.»
- «J'ai parfois des idées épouvantables.»
- «J'ai de la difficulté parfois à regarder les autres en face.»
- «S'il fallait que les autres sachent cela.»
- «Des gestes comme ceux-là peuvent faire perdre toute crédibilité.»
- «Il y a des erreurs qui marquent.»
- «Il y a des choses que je voudrais oublier à jamais.»
- «J'ai des idées indignes de ce que je suis.»
- «Des fois, je n'ai pas de quoi être fier.»
- «Je ne suis pas le seul humain à faire des choses comme celles-là.»

- «On voit des choses vraiment dégoûtantes.»
- «Il y a des humains qui descendent bien bas.»
- «C'est épouvantable ce que j'ai fait.»
- «Je serai marqué.»
- «Je vais être déshonoré.»

Constatations

- Des personnes s'y accrochent, même si c'est souffrant. * *Ainsi, elles sont de bonnes personnes. «Je dois le haïr pour ce qu'il a fait, mais c'est mal de penser ainsi.»*
- La peur est souvent présente.
- Des gens sont honteux parce qu'ils sont joyeux (* *un désir pour... (joie) d'avoir...; que l'autre se fasse mal*).
- Des gens se forcent pour éprouver de la honte parce qu'ils croient qu'ils n'avaient pas le droit de..., que c'est mal de... * *Je dois aimer mon conjoint.*

Idées qui causent la honte

- Je n'aurais pas dû faire ce que j'ai fait (culpabilité).
- Ce que j'ai fait est laid, mauvais.
- Je suis mauvais parce que j'ai fait cela.

En regard des agressions sexuelles

- La sexualité est intime, personnelle; l'exposer est dérangeant.
- La honte est fréquente après le dévoilement d'une agression sexuelle.
- Elle est fréquente s'il s'agit d'un agresseur connu dans la famille.

Occasions

- J'ai parfois des pensées méchantes, épouvantables envers ceux que j'aime. * *Je leur veux du mal.*
- Être malade, en difficulté.

Effets

- Les émotions en cause se renforcent mutuellement.
- La paralysie.
- La dramatisation.

Intervention

- Avouer publiquement des erreurs, des préjugés, des «faiblesses» (* *une dépression*).
- Dire des secrets.
- Confier son problème à d'autres.
- Rire de ses erreurs.
- Réévaluer ses valeurs.

Horreur

L'idée qui cause l'horreur est irréaliste. Cela peut être un événement, une chose, une personne exceptionnellement mauvaise et sans valeur. À la base de l'horreur, on trouve la haine et l'évaluation des autres, des choses.

Expressions utilisées pour en parler

- «Je ne peux pas voir ça.»
- «C'est épouvantable, indescriptible.»
- «J'ai été saisi.»
- «C'est insupportable.»
- «Cela ne devrait pas exister.»
- «Ça me fait mourir.»

Exercice — Questions de confrontation

1. Les mauvaises choses existent-elles? __________
2. Sont-elles si dangereuses? __________
3. Une chose est-elle mauvaise parce qu'elle me déplaît? __________
4. La valeur peut-elle varier en regard de mes goûts? __________
5. Si elle existait, pourrait-elle varier? __________

Infériorité

Expressions utilisées pour en parler

- «Je suis dans la moyenne.»
- «Ça peut m'arriver de faire de bons coups, mais c'est rare, accidentel et parce que c'était facile.»
- «Malgré tout, j'arrive à m'en tirer.»
- «Quel crétin je suis!»
- «Je ne sers à rien.»
- «Dans ce domaine, je suis nul.»
- «Je ne peux faire plus.»
- «C'est vrai que je ne suis pas très bon.»
- «Je ne peux jamais réussir deux fois de suite.»
- «On ne peut être bon dans tout.»
- «Je ne sais jamais comment faire.»
- «Que je suis niaiseux, pas débrouillard!»
- «Moi, je ne vaux rien.»
- «Je suis toujours bon dernier.»
- «Il me faut plus de temps que les autres pour arriver à la même place.»
- «Moi, il faut qu'on m'explique longtemps.»
- «Il y a les autres et il y a moi.»
- «Je mérite ce que j'ai.»
- «Moi, j'en ai toujours moins que les autres.»
- «La dernière place, c'est la mienne.»
- «Il est plus fort que moi.»
- «Je ne le battrai jamais.»
- «Ma valeur est moindre que...»

- «Je me fais avoir chaque coup.»
- «Je me sens faible, handicapé, défavorisé.»

Constatations

- Les échecs peuvent être nombreux dans la vie d'une personne. Ils ne se limitent pas aux échecs scolaires. Il y en a sur le plan affectif (* *être rejeté par une personne appréciée*) et sur le plan sexuel (* *être un éjaculateur précoce, être malhabile, souffrir de dysfonction érectile*).
- L'infériorité est souvent réelle et inévitable (* *sur les plans intellectuel, physique, corporel, social, matériel*).

Idée qui la cause

Ma valeur personnelle est plus basse que celle d'une telle personne. En fait, l'idée qui cause l'infériorité est irréaliste.

Conditions favorables

- Les reproches et les jugements nombreux.
- Les critiques, les humiliations, la honte des autres ou de soi.
- La présence (ou la perception) de parents alcooliques, obèses, sans emploi, pauvres, malades, handicapés.
- Être comparé à une personne «supérieure» (* *une sœur plus jolie*), être en compétition avec elle, être en sa présence.
- Des parents anxieux qui restreignent les initiatives, la prise de risques.

Joie

La joie est apparue chez les primates inférieurs. Elle est souvent renforcée (* *les parents qui chatouillent, font des grimaces, disent «coucou»*). La joie est le résultat d'une action. Par ailleurs, cette émotion est à l'origine d'une industrie importante (* *jeux, magazines, films*). C'est également un signe valable de la santé mentale.

La joie se manifeste de différentes façons : des yeux plus grands, la bouche entrouverte, la tête droite ou rejetée en arrière, la vocalisation bruyante, des rougeurs au visage, une accélération du rythme cardiaque, une difficulté à reprendre son souffle, la dentition découverte, une mimique particulière, la contraction de certains muscles du visage, le fonctionnement accéléré des glandes lacrymales et salivaires, une détente des muscles du corps, la production d'endorphines, des sifflements ou des chants.

Synonymes

Allégresse, béatitude, bonheur, contentement, délice, douceur, enthousiasme, entrain, exaltation, gaieté, jubilation, liesse, plaisir, ravissement, réjouissance, satisfaction, volupté.

Expressions utilisées pour en parler

- «Je suis content que cela m'arrive.»
- «J'aime ça.»
- «J'espère que ça durera longtemps.»
- «Enfin, c'est ce que j'espérais.»
- «Ça fait du bien.»
- «C'est agréable quand ça m'arrive.»
- «Ça faisait longtemps que je voulais l'avoir.»
- «Si ça pouvait continuer longtemps.»
- «Je m'en donne à cœur joie.»
- «Comme ça, j'en prendrais à la tonne.»
- «Quand c'est bon, il n'y en a jamais trop.»

Exercice — Bilan de la situation

1. Est-ce que tout le monde recherche activement la joie? ______

   Pourquoi? ______

2. Est-ce que tout le monde trouve avantageux d'être heureux, de bonne humeur?

   Pourquoi? ______

3. Quels sont les personnes, les événements qui vous amènent à rire, à être heureux? ______

4. Avec qui vous sentez-vous bien? ______

5. Vous arrive-t-il d'avoir envie de sauter, de danser, de chanter? ______

   À quelle occasion? ______

   Avec qui? ______

6. Les autres ont-ils du plaisir avec vous? ______

   Expliquez. ______

7. Avez-vous le goût d'être bien? ______

   Quand? ______

   Avec qui? ______

Constatations

- La joie est souvent confondue avec la détente, l'apathie, l'indifférence, l'absence d'émotions désagréables, de préoccupation, un état de bien-être.
- On peut être bien sans ressentir une joie significative.
- Un grand nombre de personnes sont malheureuses et plusieurs semblent rechercher les occasions d'avoir des problèmes ou du moins s'enlisent dans la souffrance. Elles ne semblent pas avoir appris de leurs erreurs, ou il y a peut-être une autre explication.

- Des personnes agissent à l'encontre de leur nature, c'est-à-dire de leur plaisir, de leur bien-être.
- Des personnes fuient des occasions de plaisir ou se retiennent d'en profiter.
- Des personnes cachent leur joie, ont honte d'être joyeuses ou de s'être amusées.
- La joie est plus ou moins intense, selon la valeur, l'importance accordée à notre besoin, à notre désir.
- Les stimulations physiques ou mentales influencent aussi son intensité.
- La joie peut être plus ou moins brève, comme pour les autres émotions.
- On en parle en termes de bonheur, de plaisir.

Occasions

- Gagner un montant important à la loterie.
- Réussir un examen.
- Obtenir une grosse subvention.
- Être aimé, apprécié.
- Des gestes.
- Des cadeaux.
- Des caresses.

Ce qui crée la joie — Exercice

Objectifs

- Évaluer mon adhésion à certaines idées.
- M'inciter à remplacer des idées fausses par d'autres plus utiles.

Directives

- Évaluez votre adhésion aux idées suivantes en cochant l'endroit approprié.
- Répondez rapidement et honnêtement, c'est pour vous !
- Si vous songez à d'autres, ajoutez-les à la fin de la liste.

Croyances (Je me dis que..., je pense que...)	Faux 0	1	2	3	4	5	6	Vrai 7
1. La vie m'apporte de bons moments.	○	○	○	○	○	○	○	○
a)								
b)								
2. J'aime me payer de petites gâteries.	○	○	○	○	○	○	○	○
a)								
b)								
3. Je n'ai aucun reproche à faire à la vie.	○	○	○	○	○	○	○	○
a)								
b)								
4. La chance est (a été) de mon côté.	○	○	○	○	○	○	○	○
a)								
b)								
5. C'est amusant de faire de nouvelles choses.	○	○	○	○	○	○	○	○
a)								
b)								
6. J'aime bien apprendre des choses.	○	○	○	○	○	○	○	○
a)								
b)								
7. Il faut de temps en temps se payer une petite traite.	○	○	○	○	○	○	○	○
a)								
b)								

Croyances (Je me dis que..., je pense que...)	Faux 0	1	2	3	4	5	6	Vrai 7
8. Il faut profiter des bonnes choses quand elles passent.	○	○	○	○	○	○	○	○
a)								
b)								
9. Le corps est une belle machine.	○	○	○	○	○	○	○	○
a)								
b)								
10. Je suis dans une bonne période de ma vie.	○	○	○	○	○	○	○	○
a)								
b)								
11. Je mérite ce que j'ai.	○	○	○	○	○	○	○	○
a)								
b)								
12. Je ne rate pas les bonnes occasions.	○	○	○	○	○	○	○	○
a)								
b)								
13. Quand on veut être heureux, il faut s'en occuper soi-même.	○	○	○	○	○	○	○	○
a)								
b)								
14. Les problèmes, ça se règle si on le veut.	○	○	○	○	○	○	○	○
a)								
b)								

Croyances (Je me dis que…, je pense que…)	Faux 0	1	2	3	4	5	6	Vrai 7
15. Ne pas s'en faire est une bonne façon d'aborder la vie.	○	○	○	○	○	○	○	○
a)								
b)								
16. Il m'arrive souvent de belles choses.	○	○	○	○	○	○	○	○
a)								
b)								
17. Tout ce que je souhaite, c'est que ça continue comme ça.	○	○	○	○	○	○	○	○
a)								
b)								
18. Je sais comment me faire plaisir.	○	○	○	○	○	○	○	○
a)								
b)								
19. S'amuser, ce n'est pas si compliqué.	○	○	○	○	○	○	○	○
a)								
b)								
20. Quand j'embarque dans quelque chose, je me donne à 100 %.	○	○	○	○	○	○	○	○
a)								
b)								
21. Il y a un temps pour tout.	○	○	○	○	○	○	○	○
a)								
b)								

Croyances (Je me dis que..., je pense que...)	Faux						Vrai	
	0	1	2	3	4	5	6	7
22. J'obtiens souvent ce que je veux.	○	○	○	○	○	○	○	○
a)								
b)								
23. Il y a des choses dont je ne me lasse pas.	○	○	○	○	○	○	○	○
a)								
b)								
24. Je profite de ce qu'il y a de bon dans toutes les choses.	○	○	○	○	○	○	○	○
a)								
b)								
25. Rien de mieux que de rire un bon coup.	○	○	○	○	○	○	○	○
a)								
b)								
26. Je ne m'ennuie jamais.	○	○	○	○	○	○	○	○
a)								
b)								
27. Je n'arrive jamais à faire tout ce que j'aimerais faire.	○	○	○	○	○	○	○	○
a)								
b)								
28. J'ai plein de choses qui m'attirent, m'excitent.	○	○	○	○	○	○	○	○
a)								
b)								
29. J'aime les surprises, les choses inattendues.	○	○	○	○	○	○	○	○
a)								
b)								

Croyances (Je me dis que..., je pense que...)	Faux							Vrai
	0	1	2	3	4	5	6	7
30. Je suis content de ce que j'ai.	○	○	○	○	○	○	○	○
a)								
b)								
Écrivez d'autres idées que vous avez sur le sujet et évaluez-les.								
a)								
b)								
a)								
b)								

Pour toutes les idées que vous avez cotées 6 ou 7, écrivez dans l'espace a) une idée plus vraie qui pourrait la remplacer.

Maintenant, comparez vos réponses avec celles du corrigé. Écrivez dans l'espace b) une phrase plus vraie qui pourrait vous être utile.

Corrigé

1. Faux.	La vie n'apporte rien. On vit ou on ne vit pas. Des personnes peuvent m'apporter des choses. Les événements m'occasionnent des choses. Ces événements peuvent être évalués comme favorables ou non. Je suis totalement ou partiellement responsable ou non des moments que je trouve agréables ou non.
2. Vrai.	Vous avez le droit d'aimer vous payer de petites gâteries. Les humains recherchent le plaisir.
3. Faux, douteux.	Tous les humains se plaignent de certaines choses. Je peux ou non reprocher des choses à la vie. J'en ai le droit, mais c'est une démarche inutile qui peut s'avérer nuisible. La vie n'est pas responsable de ce qui m'arrive et ne peut rien influencer. La vie, c'est une abstraction. Je choisis ou non de faire des reproches à la vie.

4. Faux.	C'est en fonction des événements que vous vivez actuellement. Comment pouvez-vous définir la chance? La chance est un concept abstrait qui n'existe pas dans la réalité. Il arrive des événements que nous évaluons comme plus ou moins favorables selon le cas. Ceux-ci sont la suite d'autres événements. Ils sont étiquetés chance ou malchance, selon qu'ils nous plaisent ou non. J'attribue à la chance ce qui m'arrive.
5. Faux.	C'est selon l'évaluation que vous en faites (* *votre première relation sexuelle, une opération à cœur ouvert*). Certaines expériences nouvelles peuvent vous plaire.
6. Vrai.	Vous pouvez aimer cela. Les goûts sont différents selon les personnes.
7. Faux.	Il n'y a pas d'obligation à faire quoi que ce soit. Beaucoup de personnes aiment s'offrir des gâteries. Saisir et provoquer des occasions de plaisirs est une façon raisonnable de vivre. J'aime à l'occasion profiter de petits plaisirs.
8. Faux.	Il n'y a aucune obligation à profiter de quoi que ce soit. Souvent, les humains désirent cela. Il n'y a pas de bonnes ou de mauvaises choses. Il n'existe que des choses que j'évalue arbitrairement, abstraitement et subjectivement. Il est utile, et c'est habituellement recherché, de profiter des occasions de plaisirs. J'ai parfois avantage à profiter des choses qui me plaisent.
9. Faux.	Le corps est le corps. Je peux ou non le voir comme une machine. Le corps est complexe à la lumière des connaissances actuelles. Je peux l'évaluer comme beau, laid ou autre. C'est une évaluation subjective. Ça n'existe pas dans la réalité. Seul le corps existe.
10. Douteux.	Je suis dans une période de ma vie que j'évalue comme avantageuse. Je ne puis et ne pourrai jamais être certain que mon évaluation est juste.
11. Faux.	Personne ne mérite rien. Il arrive des choses qui sont parfois liées avec mes gestes, parfois non. J'ai ce que j'ai. Je suis plus ou moins responsable de ce que j'ai.
12. Faux.	Tous les humains font des erreurs. Je rate des occasions sans même le savoir. Ni les bonnes ni les mauvaises occasions n'existent. Il existe des occasions que j'évalue d'une certaine façon. Je ne peux jamais être certain avec exactitude de la validité de mon jugement. Je rate parfois de bonnes occasions.

13. Faux.	La définition du bonheur est arbitraire. Notre bonheur dépend d'un grand nombre d'éléments dont certains relèvent de moi et d'autres, de l'extérieur. Mon contrôle sur ces différents facteurs est fort variable. Mon pouvoir de contrôle est souvent plus grand sur les éléments qui me concernent (* *émotions, idées*). Il n'y a pas d'obligation à s'occuper de ses affaires, mais c'est souvent la meilleure stratégie. Quand on veut être heureux, et c'est inévitable de vouloir ça, il est souvent plus avantageux de s'en occuper soi-même, mais ce n'est pas obligatoire.
14. Faux.	Mon contrôle sur les problèmes est variable. Quelle est ma définition du mot « problème » ? Le fait de vouloir régler un problème est une condition de base, mais ce n'est pas suffisant. Même quand on veut, on ne peut pas toujours. Si je le veux, parfois je peux régler certains problèmes plus ou moins facilement.
15. Douteux.	C'est selon le sens donné à « ne pas s'en faire ». Il est mieux parfois de ne pas s'occuper de certaines choses, de ne pas s'en préoccuper trop activement, de s'en soucier raisonnablement. Tenir compte du passé, de certaines choses est parfois utile. Très souvent, je suis mieux de ne pas m'en faire ou encore légèrement si je le fais.
16. Vrai.	C'est possible qu'il vous arrive des événements que vous trouvez avantageux. Il m'arrive des choses que j'aime.
17. Vrai.	Les humains ont parfois ce désir. J'espère que ça va continuer ainsi.
18. Vrai, douteux.	Nous pouvons souvent nommer des choses que nous aimons. Il existe très probablement d'autres choses que nous ne connaissons pas. Nous constatons ainsi que nous n'avons pas toujours accès à des occasions de plaisir et que nous ne les utilisons pas toujours. Connaître des choses ne suffit pas.
19. Faux.	C'est selon la façon dont je définis le mot et de la manière dont je veux le faire. Le bonheur est en grande partie relié à la présence de certaines émotions. Dans ce sens, c'est simple, y arriver l'est moins. Je peux être heureux avec peu de choses.
20. Faux.	Si je me donnais à 100 %, ma vie entière y passerait. La mort serait inévitable. Tout mon temps, toutes mes énergies, etc., y seraient consacrés. Or, c'est faux, je mange, je fais une chose et pense à autre chose, je m'accorde du repos, etc. Ces phrases sont souvent utilisées pour me déculpabiliser : « J'investis le minimum pour obtenir le maximum », « J'investis ce que je trouve utile pour obtenir ce que je veux », « Je paie le prix que je trouve raisonnable pour obtenir ce que je veux ».

21. Faux.	Le temps est une abstraction. Ça n'existe pas dans la réalité. Il y a des moments plus favorables que d'autres, mais on ne peut jamais le savoir avec certitude. Il y a des choses qui peuvent être faites à différents moments, sans inconvénients. D'autres ont avantage à être faites lors de circonstances particulières.
22. Vrai.	Certains de vos désirs sont satisfaits. Les humains aiment ça.
23. Vrai.	Il y a des plaisirs très populaires et récurrents chez les humains, notamment ceux inscrits dans leur nature (* *s'alimenter, se reposer, avoir des activités sexuelles, bouger, etc.*). D'autres peuvent me plaire sur une longue période, mais mes goûts peuvent changer. Actuellement, il y a des choses dont je ne me lasse pas.
24. Faux.	Vous profitez de certaines choses. Vous profitez partiellement de ce que vous jugez bon. Il y a des choses qui pourraient être avantageuses, mais que vous ne connaissez pas ou que vous évaluez d'une autre façon. Je profite de choses que je juge bonnes et qui peuvent ne pas l'être.
25. Faux.	Vous pouvez évaluer ce plaisir très important. Sans doute y en a-t-il d'autres plus importants encore. Le rire est certainement à favoriser. J'aime rire et j'accorde beaucoup de valeur à ça. C'est une évaluation subjective que j'en fais.
26. Faux.	«Je m'ennuie rarement» serait plus exact. J'ai l'impression actuellement de ne jamais m'ennuyer. Tous les humains ressentent ou ont ressenti de l'ennui. Le mot «jamais» est nettement exagéré.
27. Vrai.	Les humains ne peuvent satisfaire tous leurs désirs.
28. Vrai.	Il peut y avoir beaucoup de choses que vous aimez.
29. Vrai.	Vous pouvez aimer ça. Pour vous, c'est une occasion de vous créer des émotions agréables. Il y a parfois des surprises, des choses inattendues qui sont également une occasion d'émotions désagréables.
30. Faux.	Vous pouvez être satisfait de certaines choses, mais d'autres désirs ne sont pas satisfaits.

Effets

- La joie donne à l'autre des occasions de se créer des émotions agréables.
- Elle favorise le rapprochement, la digestion, le sommeil, la baisse de l'anxiété et de l'hypertension, la détente de l'atmosphère, l'amour de l'autre à mon égard.
- Elle aide à supporter les difficultés.
- Elle est utilisée pour contrer la douleur (* *clown dans les hôpitaux*).
- La joie apporte la bonne humeur.
- Le fait de se souvenir des occasions joyeuses peut être aidant lors des moments difficiles (* *peine*).

Pourquoi la joie n'apporte-t-elle pas toujours la joie ?

- S'amuser, rire, faire de l'humour est dénoncé, rejeté par des personnes parce que : la vie, c'est fait pour travailler ; la vie n'est pas un jeu ; chacun a une mission, une tâche à remplir.
- L'abnégation, la résignation, la souffrance ont été valorisées et même provoquées (* *silice, flagellation, discipline martiale, style de vie austère, don de soi, rejet de ses besoins, de ses désirs*). Il faut dompter l'animal en nous.
- La joie est associée à l'enfance, à l'inconscience, à l'immaturité, à l'indifférence. Une fois devenu adulte, c'est sérieux. Elle n'est plus valorisée.
- Certaines personnes ne veulent pas être joyeuses pour les raisons suivantes : « Je ne le mérite pas », « Je n'ai rien fait pour l'obtenir », « Il va falloir que je paye pour... », « Je n'ai pas le droit d'être heureux dans cette circonstance », « Si je suis joyeux, ça prouve que je me moque de..., que je ne tiens pas à... », « Je n'ai pas à être heureux parce que je n'ai pas fait ma part », « C'est contre mes valeurs, car la vie ce n'est pas une farce », « Ça peut me conduire à faire des folies, à me conduire comme un enfant ».
- Des personnes ont développé une vision pessimiste et s'y accrochent. Ressentir ou accepter la joie heurte leur vision et leurs croyances.
- La joie, comme les autres émotions, est une occasion de se créer des émotions secondaires qui peuvent être pénibles comme : « Je m'amuse (joie), mais je n'ai pas fini mon travail (culpabilité) », « J'aime ça (joie), mais je ne le mérite pas (dévalorisation) », « J'en profite (joie) et c'est bien bon pour lui (hostilité) », « Je suis joyeux, mais je vais devoir payer (anxiété) ». La joie est vue comme à l'origine de beaucoup de souffrances.

Méfiance

Synonymes

Doute, flair, improbabilité, incertitude, inquiétude, pressentiment, scepticisme, soupçon, suspicion.

Expressions utilisées pour en parler

- «Je ne pense pas.»
- «Cela m'étonnerait si..., ça me surprendrait si...»
- «Ça me semble improbable, hypothétique, faux, inconcevable.»
- «Tout cela est invraisemblable.»
- «J'ai été surpris.»
- «C'est contestable, discutable.»
- «N'est-ce pas suspect?»
- «L'incertitude règne.»
- «Pouvons-nous compter sur...?»
- «J'ai des soupçons.»
- «J'ai des raisons de croire que...»
- «Je me demande si je devrais lui faire confiance.»
- «J'aime mieux ne pas lui tourner le dos.»
- «Je ne crois pas, je soupçonne, je doute.»

Constatations

- La présence de la méfiance est plus ou moins réaliste. * *Avec qui? Pourquoi? Quels effets?*
- La méfiance est parfois utile lorsqu'il y a eu abus ou même présomption.

- Elle ouvre la porte à la prudence, et dans certains cas, c'est très recommandé. * *Une personne toxicomane qui vous demande de l'argent pour de la nourriture, lorsque des rechutes sont faciles et probables.*
- La méfiance est à l'opposé de la confiance. Lorsque nous influençons l'une, nous touchons aussi à l'autre.
- Même si elle est souvent perçue peu agréable, la méfiance est parfois compréhensible, raisonnable, aidante.
- Elle est plus ou moins utile et nuisible.
- À la base de la méfiance se trouve souvent l'anxiété. * *Il m'a emprunté de l'argent et il ne me l'a pas remis. Il en veut d'autre. Je suis méfiant, mais je n'ai pas peur parce que je refuse et je suis content, je m'assure d'avoir de solides garanties.*
- La méfiance prend sa source dans la généralisation. *«*Je ne crois pas du tout cette personne, elle m'a souvent menti*», «*Je ne prête pas à... parce que je suis certain qu'il ne me le remettra pas*», «*Je me méfie de la fiabilité de mon auto pour faire ce voyage et je m'organise autrement*».
- La méfiance est d'intensité variable.
- Le fait d'être en contact avec des personnes et des lieux inconnus (* *marcher le soir dans son quartier ou dans des lieux inconnus*) peut favoriser la méfiance.

Idées qui la causent

- «Cette personne ou cette chose me trompera ou pourrait me tromper, me nuire, me frustrer.»
- «Je ne peux pas compter sur...»

Les idées qui causent la méfiance peuvent être vraies, fausses ou douteuses.

Prudence	**Méfiance**	**Naïveté**
	↓	↑
Réalisme	**Danger généralisé**	**Pardon**

Utilité

La méfiance peut s'avérer utile lors de certaines occasions comme lorsque des gens veulent *beaucoup* votre bien ou démontrent une *trop* bonne volonté. Ou encore lorsqu'on vous dit ce que vous voulez entendre, qu'on vous donne une grosse réduction, qu'on ne *vous demande rien en retour*, que la personne s'en occupe ou vous dit qu'il n'y a pas de problème.

Effets possibles

- Le pessimisme.
- La passivité.
- Le fait d'agir sans conviction, pour faire plaisir aux autres.
- La tristesse.
- Le fatalisme.
- De plus en plus de secrets.
- De moins en moins confiance envers les autres, ce qui devient réciproque.
- Peut nuire aux relations sociales.
- Le problème n'est pas toujours l'émotion en soi, mais le fait que la personne ne s'adapte pas (* *être méfiant envers..., être confiant envers...*).

Questions de confrontation — Exercice

1. Comment me fier à cette personne? Est-elle fiable? ______________________
2. Comment puis-je en être certain? ______________________

Mépris

Synonymes

Dédain, dégoût, écœurement, indifférence, irrévérence.

Expressions utilisées pour en parler

- «Pour qui se prend-il?»
- «C'est un fanfaron.»
- «Vaniteux comme ça, c'est rare.»
- «Il se croit important, supérieur.»
- «Il crâne.»
- «Le plafond n'est pas assez haut pour lui.»
- «Du haut de sa hauteur.»
- «Il se prend pour un autre.»
- «Il se moque de tout.»
- «Il se croit au-dessus de tout, supérieur.»
- «Avec son petit air hautain.»
- «Je fais fi de...»
- «Il crache sur les autres.»
- «Il a pris de haut ce que je lui ai dit.»
- «Il est indigne de...»

Expressions verbales: insultes; sarcasmes.
Expressions non verbales: expressions faciales.

Constatations

- Cette émotion est l'inverse de l'admiration.
- Les idées qui causent le mépris sont irréalistes.
- Le mépris est souvent confondu avec l'hostilité et la haine.
- Toutes les personnes hostiles méprisent les autres.
- Toutes les personnes qui méprisent les autres ne sont pas hostiles.
- Le mépris est fréquent lorsqu'il y a de l'hostilité.
- Je juge médiocre, nul, sans valeur... souvent parce que ça ne correspond pas à mes désirs.
- L'évitement, le blâme sont souvent fréquents.
- L'incapacité ou le refus de changer est une occasion favorable de mépris.

Idées qui le causent

- «X» est une chose ou une personne misérable, mauvaise et sans valeur.
- Cette personne, cet animal ou cette chose a peu ou pas de valeur intrinsèque.

Effets

- Une contre-attaque.
- La dégradation de la relation.
- L'ignorance mutuelle.
- Le détachement affectif.

Exercice — Questions de confrontation

1. Puis-je prouver que «X» est sans valeur?
2. Comment la valeur peut-elle varier?
3. Qu'est-ce qui peut faire augmenter ou diminuer la valeur?
4. Les sentiments que j'ai à l'égard de... jouent-ils dans mon évaluation?
5. Mon degré d'amour envers d'autres pourrait-il faire varier une valeur inexistante?
6. Parce que j'ai peu ou pas de plaisir à son contact, cela transforme-t-il cette personne ou cet élément en quelque chose de dégoûtant, de méprisable?
7. Si la valeur existait, cette personne, cet animal ou cette chose pourrait-il valoir moins que ce que vaut une personne, un animal ou une chose?

Orgueil

L'orgueil est souvent perçu ou utilisé comme un synonyme de la fierté qui, elle, est causée par une idée précise.

Le mot «orgueil» est souvent employé pour décrire d'autres réalités, et non seulement la fierté, et pour parler de comportements spécifiques de la personne.

Il s'agit habituellement d'une émotion complexe, qui est mêlée à la fierté et à la supériorité.

Sur le plan émotif, on peut percevoir qu'il y a plus d'une émotion en cause (* *la fierté, la supériorité [se croire], la dévalorisation des autres [votre valeur est plus basse que la mienne]*), sans oublier la peur d'être critiqué, de faire pitié, d'être pris en défaut.

Synonymes

Amour-propre, arrogance, fierté, hautain, suffisance, présomption, prétention, vanité, vaniteux.

Constatations

- L'orgueil semble plus fréquent chez les hommes.
- Il entraîne subtilement beaucoup d'effets négatifs. * *Ne pas consulter en relation d'aide; faire seul, ne pas demander d'aide, ce qui peut entraîner des blessures, des échecs; ne pas demander des indications sur la route.*
- L'orgueil a été banni, réprimé parce que c'était jugé laid, etc. Indirectement, la valorisation a été affectée à la baisse (* *ne pas se vanter; ne pas dire ses bons coups*).
- C'est un obstacle au pardon.
- L'orgueil fait partie des sept péchés capitaux dans la religion chrétienne.
- Une anxiété plus intense que la normale est généralement présente.

Buts

- Être valorisé.
- Bien paraître.
- Avoir une bonne réputation (* «*Moi je suis...*», «*Moi je dis la vérité*»).

Exercice Évaluation

Objectifs

- Connaître les symptômes psychologiques.
- Évaluer la présence ou non de ces symptômes.
- Évaluer la fréquence et l'intensité de ces manifestations.

Directives

- Évaluez la fréquence de ces manifestations en cochant l'endroit approprié.
- Puis, évaluez l'intensité de ces symptômes.

Manifestations	Fréquence								Intensité							
	Jamais							Souvent	Faible							Forte
	0	1	2	3	4	5	6	7	0	1	2	3	4	5	6	7
1. Agir à l'opposé des autres.	○	○	○	○	○	○	○	○	○	○	○	○	○	○	○	○
2. Chercher des coupables aux problèmes perçus.	○	○	○	○	○	○	○	○	○	○	○	○	○	○	○	○
3. Couper les contacts avec les autres.	○	○	○	○	○	○	○	○	○	○	○	○	○	○	○	○
4. Critiquer et blâmer les autres.	○	○	○	○	○	○	○	○	○	○	○	○	○	○	○	○

Manifestations	Fréquence Jamais							Souvent	Intensité Faible							Forte
	0	1	2	3	4	5	6	7	0	1	2	3	4	5	6	7
5. Délaisser son implication (faire de moins en moins sa part).	○	○	○	○	○	○	○	○	○	○	○	○	○	○	○	○
6. Dramatiser l'effet des comporte-ments des autres.	○	○	○	○	○	○	○	○	○	○	○	○	○	○	○	○
7. Être impatient, irritable.	○	○	○	○	○	○	○	○	○	○	○	○	○	○	○	○
8. Être méfiant.	○	○	○	○	○	○	○	○	○	○	○	○	○	○	○	○
9. Manifester du cynisme dans ses réactions verbales.	○	○	○	○	○	○	○	○	○	○	○	○	○	○	○	○
10. Ne pas répondre aux demandes soit incorrec-tement, soit avec mécon-tentement.	○	○	○	○	○	○	○	○	○	○	○	○	○	○	○	○
11. Perdre de l'intérêt envers les autres.	○	○	○	○	○	○	○	○	○	○	○	○	○	○	○	○
12. Rechercher fébrilement le contact des gens.	○	○	○	○	○	○	○	○	○	○	○	○	○	○	○	○

Manifestations	Fréquence Jamais							Souvent	Intensité Faible							Forte
	0	1	2	3	4	5	6	7	0	1	2	3	4	5	6	7
13. Avoir des relations sexuelles insuffisantes en quantité ou en qualité.	○	○	○	○	○	○	○	○	○	○	○	○	○	○	○	○
14. Se sentir tout-puissant.	○	○	○	○	○	○	○	○	○	○	○	○	○	○	○	○
15. Suivre le groupe.	○	○	○	○	○	○	○	○	○	○	○	○	○	○	○	○
16. Traiter les autres avec condescendance.	○	○	○	○	○	○	○	○	○	○	○	○	○	○	○	○

Objectifs

- Connaître des comportements qui proviennent souvent de l'orgueil.
- Évaluer mon niveau d'orgueil.
- Évaluer mes comportements et ceux que j'aurais avantage à modifier.

Directive

- Évaluez si vous avez ou non ces comportements.

Comportements	J'agis ainsi Non							Oui
	0	1	2	3	4	5	6	7
1. Je refuse d'avouer, de reconnaître mes torts.	○	○	○	○	○	○	○	○
2. Je cache, camoufle mes erreurs.	○	○	○	○	○	○	○	○
3. Je m'entête, j'argumente, même si je sais que j'ai tort.	○	○	○	○	○	○	○	○
4. Je ne demande pas d'aide même si ce serait facile.	○	○	○	○	○	○	○	○

Comportements	J'agis ainsi Non					Oui		
	0	1	2	3	4	5	6	7
5. Je ne dis rien, je cache mes points faibles.	○	○	○	○	○	○	○	○
6. Je ne m'excuse pas de mes fautes, de mes erreurs.	○	○	○	○	○	○	○	○
7. Je le prends mal si l'on me critique (susceptibilité).	○	○	○	○	○	○	○	○
8. Je recherche ceux qui me valorisent.	○	○	○	○	○	○	○	○
9. Je me vante.	○	○	○	○	○	○	○	○
10. Je cherche à être en évidence.	○	○	○	○	○	○	○	○
11. Je me compare favorablement aux autres.	○	○	○	○	○	○	○	○
12. Je tente de cacher mes points faibles et de ne montrer que mes points forts.	○	○	○	○	○	○	○	○
13. Je mens, j'exagère afin de hausser ou de protéger ma valeur, mon image.	○	○	○	○	○	○	○	○
14. Je refuse d'avouer, de m'excuser.	○	○	○	○	○	○	○	○

Comportements

- En général : refuser de s'excuser d'une erreur, refuser d'avouer ses torts, ne pas reculer, s'entêter, refuser de négocier, de faire des compromis, se surévaluer, se vanter et parfois donner aux autres des occasions de se dévaloriser, s'abstenir de faire les premiers pas, compter les tours, cacher ses problèmes, refuser de prendre des médicaments, refuser d'adopter un enfant si la personne en est incapable.
- Envers les autres : les critiquer négativement, chercher leurs points faibles.

Caractéristiques

- La personne a souvent le désir d'agir d'une façon plus efficace.
- Elle a peur de la vie et de ses exigences.
- Elle est attachée d'une façon exagérée à ses parents.
- Elle ressent un sentiment d'incompétence, d'impuissance et croit ne pas se réaliser ; une incapacité ; des manques de confiance, de volonté (désir).

- Pour certaines personnes, leur orgueil est plus important que leur santé (* *se nuire pour bien réussir*).
- Les attitudes d'une personne orgueilleuse : être hautaine, être arrogante, être perfectionniste et travailler fort pour bien paraître et ne pas faire d'erreurs, être très exigeante envers elle-même, chercher fréquemment à rehausser sa valeur, travailler très fort pour l'image, réagir fortement si elle est prise en défaut.

Effets

- C'est une émotion à bannir parce qu'elle entraîne des comportements nuisibles. * *Critiquer les autres ; se montrer hautain, arrogant, supérieur ; être vaniteux.*
- Le changement est plus difficile parce que des gestes ne sont souvent pas faits (des abstentions).
- Jouer des rôles.
- Un orgueil très intense peut être puissant et conduire à des gestes excessifs, pénalisants. * *Tuer l'infidèle, démissionner, mourir parce qu'on ne demande pas d'aide.*
- Sur le plan cognitif, s'entêter dans la bêtise.
- Sur le plan des comportements : éviter de demander de l'aide ou refuser de l'aide parce que c'est humiliant, ne pas reconnaître ses torts, s'entêter dans une mauvaise décision, dépenser excessivement pour des * *autos, des vêtements ou des sorties* afin de bien paraître, suivre aveuglément la mode que ce soit ridicule, adapté ou non, se priver de choses utiles (* *une fourgonnette pour la famille*).
- Sur le plan émotif : des peurs sont cachées parce que la personne en a honte (* *une phobie*) ; l'orgueil aide à contrôler la jalousie, pour ne pas que ça paraisse.
- Sur le plan social, l'orgueil amène parfois à dénigrer les autres, à leur donner des occasions de dévalorisation, à refuser d'avouer ses erreurs, à ne pas s'excuser, ce qui aiderait à se faire pardonner, à oublier, à prendre l'initiative même si c'était approprié et apprécié (des chicanes peuvent en résulter), à provoquer des occasions de conflits.

Pardon, rancune

Définitions

Pardon : Fait de ne pas tenir rigueur d'une faute ; rémission d'une offense. Ce n'est pas s'excuser ; se justifier. Le pardon n'est pas une émotion en soi.

Rancune : Action de tenir pour non avenue une faute, une offense, de ne pas tenir rigueur au coupable et de ne pas lui en garder de ressentiment. La rancune provient souvent de l'hostilité.

Synonymes

- Pardon : absolution, amnistie, clémence, excuse, grâce, indulgence, rémission.
- Rancune : aigreur, rancœur, ressentiment.

Constatations

- C'est plus ou moins facile selon les personnes.
- Pardonner est souvent utile, mais offre des occasions d'être abusé.
- Des gens de l'entourage peuvent refuser que l'on pardonne (* *à un criminel*).
- Le pardon peut être perçu comme un signe de soumission, de lâcheté.
- Des gens tiennent, s'accrochent à leur rancune, ce qui les conduit à la haine, à la rage. Ça peut coûter très cher.

Occasions

Être, se sentir injuste, traité injustement, trahi, exploité.

Expressions

- Enterrer la hache de guerre.
- Tourner la page.
- Lâcher prise.
- Passer l'éponge.

Effets à l'absence de pardon

- Ruminer.
- Se fâcher, être agressif.
- Se rendre «malade» à y penser; se causer des maux divers (* *de tête*).
- Augmenter les conflits, l'isolement.

Intervention

- Des études tendent à démontrer que le pardon réduit l'hostilité, le stress, certains malaises et maladies (* *maux de dos*).
- Le pardon aide à retrouver son énergie, son humeur; à décrocher, à passer à autre chose.
- Des moyens pour arriver à pardonner: s'exprimer, dire son ressenti à la personne concernée; se concentrer sur les faits et non sur les jugements; tenter de comprendre les causes, les circonstances; tenter de ne pas en faire une affaire personnelle; se rappeler les caractéristiques des humains (* *égoïstes, imparfaits*).

Pitié

Synonymes

Apitoiement, attendrissement, commisération, compassion, miséricorde, sympathie.

Expressions utilisées pour en parler

- «Je n'aurais pas voulu qu'il voie cela.»
- «C'est vraiment dommage pour lui.»
- «Je ne souhaite cela à personne.»
- «Pauvre lui!»
- «Je le plains!»
- «Je ne voudrais pas être à sa place.»
- «Je ne souhaite pas cela à mon pire ennemi.»

Constatations

- La pitié est souvent appréciée au début. Par la suite, des gens n'en veulent plus.
- La personne voudrait pouvoir soulager, prendre sa peine à sa place.

Idées qui la causent

- Ce qui arrive à [nom de la personne] est une mauvaise chose pour lui.
- Ce qu'il a, ce qu'il aura ou ce qui l'affecte est une mauvaise affaire pour lui.

Comportements

- Acheter pour «encourager» un nouveau petit commerce ou un commerce perçu en difficulté.

- Préparer de la nourriture et aller la porter chez une personne * *malade, en deuil.*
- Inviter à la maison une personne seule.

Exercice — Évaluation des croyances

Directive

- Inscrivez la fréquence à laquelle vous utilisez ces phrases.

Phrases	Je les utilise		
	Jamais	Parfois	Souvent
1. «Tu ne m'as jamais aimé.»	○	○	○
2. «Tu es égoïste.»	○	○	○
3. «Les autres ont ça.»	○	○	○
4. «Regarde ce que j'ai l'air.»	○	○	○
5. «Je vais avoir l'air d'un arriéré, d'un fou.»	○	○	○
6. «Tu ne me comprends pas.»	○	○	○
7. «Tu es injuste envers moi.»	○	○	○
8. «Tu prends toujours sa part.»	○	○	○
9. «Tu ne veux rien savoir de moi.»	○	○	○
10. «Tu ne penses qu'à toi.»	○	○	○
11. «Ce n'est pas drôle d'endurer...»	○	○	○
12. «J'ai tout fait pour m'en sortir.»	○	○	○
13. «Je ne suis pas chanceux comme toi.»	○	○	○
14. «Il n'a pas eu de chance.»	○	○	○

15. «Tout semble contre moi.»	○	○	○
TOTAL			

Effets

- La pitié favorise la victimisation, l'autopitié, les plaintes, l'apathie, la déresponsabilisation.
- L'acquisition et le renforcement d'idées irréalistes : * «*C'est grave ce que tu vis*», «*Tu es mal pris*», «*Tu n'es pas capable de...*».
- Si la personne n'a pas pitié, elle ne se trouve pas correcte (* *normale, humaine, attristée*).

Questions de confrontation

Exercice

1. Ma pitié change-t-elle la situation? _____
2. À qui cela aide-t-il d'avoir pitié de l'autre? _____
3. Ma pitié m'aide-t-elle à aider l'autre? _____
4. Veut-il de ma pitié? _____
5. Des actions ne seraient-elles pas plus utiles? _____
6. Ma pitié vise-t-elle à l'aider ou à me déculpabiliser? _____
7. Voulez-vous aider réellement les gens? Comment pouvez-vous le faire? _____
8. Quel est l'effet de ma pitié sur lui? N'est-ce pas une occasion que je lui donne d'avoir plus de pitié pour lui-même? _____
9. Ne suis-je pas en train de l'aider à se déprimer? _____
10. Ne vaut-il pas mieux l'aider que de le plaindre? _____
11. Est-il possible qu'il y ait des avantages non connus? _____

Regret

Le regret est le sentiment d'avoir commis une faute. À la base du regret, on trouve la tristesse.

Synonymes

Contrition, excuse, nostalgie, remords, repentir, soupir.

Expressions utilisées pour en parler

- «Toutes mes excuses.»
- «Je ne pouvais pas savoir.»
- «Je m'en veux.»
- «Je m'en mords les doigts.»
- «Je déplore ce qui est arrivé.»
- «Je suis navré de tout cela.»
- «Ce n'est pas ce que je voulais.»
- «Nous ne l'avons pas fait exprès.»
- «C'est dommage, c'est malheureux.»
- «Ça me manque.»
- «Si ça s'était passé autrement.»
- «Je ne voulais pas que ça tourne comme ça.»

Constatations

- Le regret est toujours accompagné de tristesse et d'acceptation.
- La personne voudrait revenir dans le passé et agir autrement.

Idées qui le causent

- «J'aurais été mieux de faire ce que je n'ai pas fait.»

- «Il vaudrait mieux faire ce que je ne ferai pas.»
- «Il vaudrait mieux m'abstenir de faire ce que je compte faire.»

Description

- L'idée qui cause le regret est toujours douteuse parce qu'il n'y a aucun moyen de connaître ce qui serait arrivé si nous nous étions comportés différemment. Nous pouvons seulement l'imaginer, le supposer, le croire, mais sans jamais le savoir avec certitude.
- Cette émotion peut remplacer la culpabilité quand la personne accepte ce qu'elle a fait.
- Le regret est une émotion souvent utile parce qu'il peut inciter la personne à réparer ce qu'elle a fait ou à modifier son action dans le futur.
- Il incite au changement parce que la personne constate l'effet, la conséquence de ses gestes et désire agir autrement afin d'obtenir d'autres résultats.
- Cette émotion incite à admettre, à réparer, à dédramatiser ses erreurs parce que l'on sait que c'est humain.
- Le regret stimule à rechercher ses véritables avantages et à éviter de nouvelles erreurs.
- Sans le regret, les personnes n'évalueraient pas leurs actions et ne percevraient pas d'avantages à changer des comportements. Elles répéteraient les mêmes erreurs, ce qui ferait du tort à elles ou aux autres.
- Le regret s'apparente à la tristesse et la précède toujours.

Caractéristiques

Le regret se manifeste quand la personne accepte ce qu'elle a fait. Pour y parvenir, elle doit réaliser et accepter la responsabilité de l'événement. Plutôt que de s'en tenir coupable, elle voit des avantages à réparer ce qu'elle perçoit comme des erreurs pour elle et possiblement pour les autres.

Comportements

- La personne avoue et dit les faits.
- Elle admet sa responsabilité.
- Elle croit qu'il est humain de se tromper.

Effets

- Le regret amène la personne à modifier ses façons de faire.
- Il évite la dramatisation.

Exercice — Questions de confrontation

1. Peut-on connaître l'avenir?
2. Peut-on évaluer ce qui n'est pas arrivé?
3. Peut-on savoir si ce qui arrive sera bon ou mauvais à long terme?
4. Peut-on prouver que ce qu'on classe comme une erreur en soit une?
5. Un humain peut-il ne jamais faire d'erreurs?
6. Même si vous avez mal agi, qu'est-ce qui prouve que vous auriez dû agir autrement?
7. Qu'est-ce qui serait arrivé si vous aviez agi autrement?
8. Pouvez-vous le savoir d'une façon certaine?
9. S'agit-il d'un fait ou d'une supposition?
10. Des choses détestées peuvent-elles vous être utiles?
11. À long terme, est-ce une chance ou une malchance?

Remords

Le remords est une émotion qui découle de l'idée d'avoir commis une faute. Le remords est une émotion proche de la tristesse, du regret. À la base, on y trouve de la culpabilité, de la honte.

Synonymes

Attrition, contrition, honte, regret, repentir.

Effets

- Une douleur morale. La personne aimerait, si elle le pouvait, remonter dans le temps, afin d'agir différemment.
- Un tourment moral causé par la conscience d'avoir mal agi.
- Le fait d'avouer un crime commis, qui mène à sa condamnation, et dont il aurait pu se voir épargné.
- Le fait d'avouer une infidélité ou un autre manquement aux règles, ce qui entraîne des conséquences parfois majeures.

Résignation

La résignation est une forme de soumission. À la base, on y trouve la tristesse. Une image pour exprimer cet état: être couché en fœtus ou ne pas réagir pendant que l'autre nous frappe.

Cette émotion aide souvent à accepter d'une façon un peu plus «confortable» des événements non désirés et inévitables. L'idée qui cause la résignation est vraie.

Synonymes

Abandonner, abdiquer, accepter, démissionner, endurer, évaluer, renoncer, subir, supporter.

Expressions utilisées pour en parler

- «Je n'ai pas le choix.»
- «Une fois embarqué, je dois ramer.»
- «Je décroche.»
- «J'ai fini de me battre.»
- «Je m'incline.»
- «Il faut parfois céder.»
- «Il faut endurer ses peines.»
- «Il faut savoir quand c'est le temps de lancer la serviette.»

Idées qui la causent

- Ce qui est arrivé, arrive, arriverait devait, doit, devra arriver.
- Cela se passe comme cela doit se passer.
- Nous n'avons souvent pas d'autre choix que de subir.
- Ça ne peut pas toujours bien aller.
- Dans la vie, il faut se contenter de ce que l'on a.
- Je ne peux rien y faire.

- Mieux vaut lâcher plutôt que de voir les choses aller de cette manière.
- Quand on ne trouve pas de solutions efficaces à un problème, mieux vaut l'accepter.
- C'est parfois plus facile de s'adapter que de changer les choses.
- Il y a des choses que je ne peux pas changer.
- Inévitablement, tous les humains vivent des événements désagréables.

Caractéristiques

- La résignation suit la frustration.
- Elle peut être consciente ou inconsciente.
- La personne ne décide pas, ne se donne pas de commandement pour agir. * *Le nuage ne s'ordonne pas à lui-même de pleuvoir.*

Évaluation Exercice

Objectifs

- Évaluer mon adhésion à des idées peu utiles.
- M'inciter à remplacer des idées fausses par d'autres plus utiles.

Directives

- Évaluez votre adhésion à ces idées en cochant l'endroit approprié.
- Répondez rapidement et honnêtement, c'est pour vous !
- Si vous songez à d'autres, ajoutez-les à la fin de la liste.

Croyances (Je me dis que..., je pense que...)	Faux					Vrai		
	0	1	2	3	4	5	6	7
1. Nous n'avons pas souvent d'autre choix que de subir.	○	○	○	○	○	○	○	○
a)								
b)								

Croyances (Je me dis que..., je pense que...)	Faux 0	1	2	3	4	5	6	Vrai 7
2. Ça ne peut pas toujours bien aller.	○	○	○	○	○	○	○	○
a)								
b)								
3. Dans la vie, il faut se contenter de ce que l'on a.	○	○	○	○	○	○	○	○
a)								
b)								
4. Je ne peux rien y faire.	○	○	○	○	○	○	○	○
a)								
b)								
5. Mieux vaut lâcher plutôt que de voir les choses aller de cette manière.	○	○	○	○	○	○	○	○
a)								
b)								
6. Quand on ne trouve pas de solutions efficaces à un problème, mieux vaut l'accepter.	○	○	○	○	○	○	○	○
a)								
b)								
7. C'est parfois plus facile de s'adapter que de changer les choses.	○	○	○	○	○	○	○	○
a)								
b)								
8. Il y a des choses que je ne peux pas changer.	○	○	○	○	○	○	○	○
a)								
b)								

Croyances (Je me dis que..., je pense que...)	Faux 0	1	2	3	4	5	6	Vrai 7
9. Tous les humains vivent inévitablement des choses désagréables.	○	○	○	○	○	○	○	○
a)								
b)								
Écrivez d'autres idées que vous avez sur le sujet, puis évaluez-les.								
a)								
b)								
a)								
b)								

Pour toutes les idées que vous avez cotées 6 ou 7, écrivez dans l'espace a) une idée plus vraie qui pourrait la remplacer.

Maintenant, comparez vos réponses avec celles du corrigé qui suit. Écrivez dans l'espace b) une phrase plus vraie qui pourrait vous être utile.

Corrigé

1. Faux.	Nous avons souvent plusieurs choix, même si nous croyons le contraire. Nous avons au minimum le choix de mourir.
2. Vrai.	Ça pourrait théoriquement toujours bien aller. Mais ce n'est pas possible, étant donné la constitution des humains. La non-satisfaction de nos désirs est rarement très pénible et jamais dramatique.
3. Faux.	Vous pouvez désirer autre chose et agir pour l'obtenir.
4. Vrai, faux, douteux.	Il y a des choses que vous pouvez changer et d'autres, non. Il est très rare que vous ne puissiez améliorer un peu les choses. Généralement, vous pouvez les refuser, les accepter, les améliorer.

5. Douteux.	Il est parfois utile d'abandonner et parfois non. On ne peut généralement le savoir qu'après. Mais ça demeure toujours douteux.
6. Vrai.	Ça enlève des occasions de se créer des émotions désagréables.
7. Vrai, douteux.	On ne peut jamais le savoir avec certitude.
8. Vrai.	C'est inévitable.
9. Vrai.	C'est inévitable.

Comportements

La personne attend, subit, puis elle cède, décroche, endure sans agir pour améliorer les choses ; elle ne voit aucune option ou alors elles sont trop ardues, coûteuses.

« Il n'y a rien à faire »

Combien de fois avons-nous dit ou pensé cette phrase alors que ce n'était pas vrai ? Combien de fois aurions-nous pu nous rendre au but et profiter d'avantages considérables alors que nous nous sommes arrêtés en route ?

Il y a des situations où cette phrase est réaliste, mais ce n'est pas très souvent le cas. Et c'est dommage... pour nous. Heureusement, nous pouvons la changer. C'est à nous de faire des gestes en ce sens. Nous pouvons minimalement accepter et ne pas nous causer des émotions désagréables, mais ça ne change pas la situation.

Causes

- La peur de l'échec.
- La recherche d'avantages.
- La fuite de l'effort.
- Le plaisir et les avantages à court terme.
- Le manque d'énergie, de moyens, d'idées.
- Une faible confiance en soi.
- La dévalorisation.
- L'égoïsme humain.

Effets possibles

- Une attitude passive.
- L'apathie.
- Le recours à la fuite.
- Le non-apprentissage.
- Une diminution de la confiance.
- L'acquisition d'une habitude nuisible : décrocher.
- L'abandon.
- Le fait de se sentir incapable de s'en sortir (découragement).
- Plus d'émotions nuisibles, plus intenses.
- Plus de souffrance.
- La victimisation.

Soulagement

Il s'agit d'une «forme de joie». Comme pour les autres émotions agréables, il est rarement opportun d'y faire face.

Synonymes

Adoucissement, allègement, apaisement, bien-être, consolation, délivrance, joie, plaisir, satisfaction.

Expressions utilisées pour en parler

- «Enfin, je vais pouvoir oublier cela.»
- «Après la pluie, le beau temps.»
- «Après la tempête vient le calme.»
- «C'est apaisant de...»
- «Cela adoucit les mœurs.»
- «C'est enfin plus calme.»
- «Cela m'enlève tout un poids.»
- «J'en ai enfin fini avec tout cela.»
- «Je suis content de m'en être sauvé.»

Causes

- C'est bon, avantageux pour moi que cet événement, cette chose nuisible, désagréable que je croyais devoir subir ne m'arrive pas.
- Il est avantageux que tel événement potentiellement nuisible, déplaisant que j'anticipe ne se produise pas.

Questions de confrontation

Exercice

1. En quoi est-ce avantageux pour moi qu'il en soit ainsi? ____________
2. Puis-je prouver qu'il est mieux pour moi à court, à moyen et à long termes que cela ne soit pas arrivé?

____

3. N'y avait-il rien de bon pour moi là-dedans? ____________
4. Cet événement était-il totalement nuisible, déplaisant? ____________
5. N'était-il pas possible d'y trouver quelques avantages? ____________

Supériorité

Le sentiment de supériorité est le fait de compenser ses sentiments cachés d'infériorité en se considérant comme doué de caractéristiques meilleures que celles qu'il possède en réalité (* *révolutionnaire qui fonde son propre groupe; personne qui se croit importante et croit qu'on lui doit des choses*). La confiance est souvent à la base de ce sentiment.

L'idée qui cause la supériorité est irréaliste. Elle peut se développer et prendre la forme de l'orgueil et de la vanité, et peut être très subtile.

Synonymes

Condescendance, domination, orgueil, primauté, suprématie.

Expressions utilisées pour en parler

- «Je suis le meilleur.»
- «Personne ne peut me battre.»
- «Je suis au sommet de ma force.»
- «Je suis dans la force de l'âge.»
- «Personne ne m'arrive à la cheville.»
- «Personne ne pourra me dépasser.»
- «Je suis dans une classe à part.»
- «Je suis entouré de pas bons.»
- «Je suis bien meilleur que...»
- «Si tout le monde pensait comme moi, il n'y aurait pas de problème.»

Idées qui la causent

- Les autres sont médiocres, minables.
- Je suis capable de battre le système.
- Ma valeur personnelle est plus élevée que celle d'une autre personne.

Conditions favorables

- La présence de conflit dans la famille qui offre l'occasion de se battre, de lutter.
- La présence de peurs (* *de perdre des personnes aimées telles que sa mère, de ne pas être aimé, de ne pas être comme les autres; d'être comme les autres*).
- La personne cherche à vaincre ses peurs, à dominer, à se hisser en haut du peloton. Celui qui crie le plus fort, qui est le plus agressif gagne et obtient la plus grande part du gâteau.

Personne

Il s'agit souvent d'un enfant gâté. Il a appris qu'il avait toujours raison. On cédait devant lui. Il a donc acquis les idées, les ambitions de tout savoir, de ne jamais se tromper, d'être toujours le centre de l'attention, de vouloir être le leader.

Ses attitudes sont: en mettre plus qu'il y en a, mettre au défi, tenter d'épater les autres, une surimportance à sa personne et une sous-importance aux autres, une référence exagérée à soi-même, à ses possessions, à ses actions. Bien paraître dans tous les domaines est primordial.

Ce sentiment de supériorité découle souvent de l'enfant gâté qui obtient un grand nombre de jouets, de l'argent, ce qui est le mieux (* *vêtements*). Il a des parents «faibles», trop indulgents, qui cèdent devant lui. Il devient insupportable pour les autres. Durant l'enfance, il a été le maître chez lui. Il devient parfois prétentieux, vantard, résistant aux changements. Il a honte de l'échec. Il veut le mieux et être le premier. L'enfant gâté accorde une grande importance à l'opinion des autres. Gâter des enfants favorise l'émergence de classes sociales, de racisme et de clans.

Comportements

- La personne se vante.
- Elle regarde les autres avec un regard hautain.
- Elle évite les personnes qui lui sont inférieures.
- Elle exagère ses succès.
- Elle joue des rôles, se «déguise» pour mieux paraître.
- La personne recherche l'admiration des autres.
- Elle s'attend à des compliments, à de l'approbation.
- Elle se concentre sur sa «petite personne».
- Il y a perte d'intérêt et d'empathie envers les autres.
- Ses conversations tournent autour de son moi.
- Elle tente de séduire des personnes qui peuvent lui être utiles.

- Elle considère les besoins de l'autre comme secondaires.
- La personne veut contrôler les autres.
- Les autres lui servent d'oreille et de source de renforcement.
- Elle réagit négativement lorsqu'elle est contredite.
- Il y a une froideur envers les personnes jugées inutiles et opposantes.
- Elle s'évalue en fonction des compliments et des hommages des autres.

Effets

- Se vanter.
- Être prétentieux.
- Se sentir obligé de faire mieux que les autres.
- Le sexisme.
- Le racisme.
- Sur le plan émotif, le sentiment de supériorité rend favorables ou plus probables le mépris, l'hostilité. La personne a peur du qu'en-dira-t-on, c'est à-dire de l'opinion des autres, de l'échec. Elle fuit les occasions d'échec, car elle a honte si ça arrive. Elle est agressive si elle n'obtient pas ce qu'elle veut.

Surprise

Toute personne peut être surprise à propos de choses agréables ou désagréables. L'idée qui cause la surprise est vraie. Telle personne, tel animal, tel événement est ou était inattendu, inhabituel, exceptionnel.

Synonymes

Consternation, ébahissement, étonnement, stupéfaction, stupeur.

Expressions utilisées pour en parler

- « Je suis déconcerté. »
- « Cela m'épate. »
- « J'en suis encore tout chaviré, renversé. »
- « Cela m'étonne. »
- « Je tombe de haut. »
- « Je n'en reviens pas. »
- « J'ai été pris au dépourvu. »
- « Je ne m'attendais pas à cela. »
- « C'était inattendu. »
- « C'est arrivé à l'improviste. »
- « Tu m'as pris au dépourvu. »
- « Je n'ai jamais pensé à ça. »
- « Je ne sais pas quoi dire. »

Constatations

- Le recours à la surprise est fréquent afin de procurer du plaisir à d'autres.
- Les êtres humains peuvent se causer de la joie ou de la tristesse ou tout autre sentiment avant, pendant ou après un événement. Le fait de les surprendre leur enlève l'occasion de se causer de la joie par anticipation. Il y a donc une perte (* *planifier un voyage, un achat*).

Utilisation de la surprise

- La surprise est régulièrement utilisée à des fins multiples. Elle peut avoir un impact majeur allant jusqu'à la mort (* *tsunami*).
- Lors des vols, des viols, des attaques, des agressions et des guerres.
- En affaires (* *vente et achat d'actions, stratégies à propos des compétiteurs, lancement d'un produit*).
- Causer la joie (* *avec un enfant, une demande en mariage, annonce d'une grossesse*).
- Causer la peur (* *bois, lion, se cacher et surprendre quelqu'un*).

Effets

- Il peut y avoir :
  - des effets physiques importants (* *sur le plan cardiaque*) ;
  - des comportements : crier, sursauter, s'agiter, paralyser ;
  - des effets mentaux : confusion, dispersion, désorganisation temporaire ;
  - des effets émotifs consécutifs : peur intense, joie intense, colère.

  Ces effets entraînent une inefficacité qui peut être utilisée contre la victime.
- La surprise peut être très intense au point de désorganiser la personne temporairement, de bloquer les autres émotions (* *peur, joie*).

Intervention

- De nombreuses interventions sont faites afin d'éliminer ou de réduire la surprise.
- Il sera rarement question de surprise, mais plutôt de prévention, de prudence, de sagesse.
- La surprise est utilisée souvent inconsciemment pour vendre, manipuler, profiter de l'inattention de la cible, agir quand l'autre est vulnérable, etc. Ce dernier n'a pas le temps de penser, de s'organiser, d'analyser, de s'équiper pour trouver des arguments et se défendre adéquatement.

- Les buts de l'intervention sont : de réduire ou d'éliminer la désorganisation, le désarroi, l'improvisation, l'impulsivité, les actions nuisibles inefficaces ; de savoir comment faire lorsqu'une situation se présente ; d'agir d'une façon rapide, coordonnée, efficace ; d'être le premier, de devancer ; d'obtenir un avantage avant l'autre.

Stratégies globales

- L'élaboration d'un plan d'urgence.
- La mise en place de mécanismes de surveillance.
- L'attribution de tâches (* *un cadre est toujours de garde*).
- L'élaboration de scénarios.
- Avoir des mesures de contrôles multiples.
- Nommer des responsables de...

Tristesse

Qui n'a pas dit ou entendu une telle phrase: «Ne pleure pas, tu verras que tout s'arrangera...»?

Oui, la tristesse fait partie inévitablement de nos vies. La nature et la quantité de nos désirs nous entraînent vers la frustration et la tristesse. Lorsque cette émotion est occasionnelle, temporaire et qu'elle ne nous nuit pas d'une façon significative et à long terme, ça va. Mais elle peut aussi devenir handicapante.

La tristesse, c'est lorsque la personne prend de plus en plus conscience de la perte et des inconvénients qui en résultent. Cela se fait graduellement et peut s'accompagner de dramatisation. C'est ainsi que la personne ne rit jamais, trouve la vie plate et ennuyante, refuse d'avoir du plaisir.

Synonymes

Abattement, accablement, affliction, amertume, cafard, chagrin, dépit, désappointement, désarroi, douleur morale, ennui, grisaille, mélancolie, nostalgie (tristesse passagère avec un rappel des moments de bonheur), peine, vague à l'âme.

Expressions utilisées pour en parler

- «J'ai le cafard.»
- «J'ai l'âme en peine.»
- «Je broie du noir.»
- «Je suis un rabat-joie.»
- «C'est funèbre.»
- «C'est une situation lugubre.»
- «J'ai une tête d'enterrement.»
- «C'est un temps à ne pas mettre un chien dehors.»
- «Ça finit tragiquement.»
- «Nous sommes dans un état lamentable, pitoyable.»
- «Mes résultats sont médiocres.»
- «Ça m'ennuie au plus haut point.»

Mise en situation

Exercice

1. À propos de quoi ou de quel sujet vous sentez-vous triste ? ______

2. Quelles sont les personnes à l'origine de votre peine ? ______

3. Quels mots connaissez-vous et utilisez-vous pour parler de la tristesse ? ______

Constatations

- La tristesse est parfois confondue avec la déprime, la dévalorisation, des symptômes de la dépression.
- Pour des raisons volontaires ou non, des personnes ont peu d'intérêt pour des activités stimulantes ou sont en manque de celles-ci.
- Lorsqu'on constate que le moyen utilisé ne permet pas d'arriver à son objectif, il est presque inévitable qu'on s'en détourne. Il devient lui aussi une source d'ennui.
- La tristesse est inévitable et souvent moins dommageable que d'autres émotions. Elle est souvent une accompagnatrice et existe rarement seule.
- Elle n'est pas utile en soi, mais comme elle est désagréable, elle incite à changer des choses.
- Il y a des occasions permanentes de tristesse et d'autres sont temporaires (* *deuil, handicap, maladie en cours de guérison*).
- Sur une courte période, la tristesse est plus acceptable. Si elle se maintient, elle devient une cible d'intervention.
- Le désappointement est une variante de la tristesse. On utilise ce mot quand la personne s'attendait à ressentir de la joie, de la satisfaction et que cela ne s'est pas produit. Le résultat était imprévisible pour elle.
- En raison de l'inconfort ressenti, la tristesse peut conduire à des gestes utiles afin de modifier la situation et d'obtenir d'autres plaisirs.
- Quand une personne se dit déçue, c'est sans doute vrai. Mais il est rare qu'il n'y ait pas d'autres émotions présentes et possiblement plus nuisibles.
- La tristesse est normale.
- Elle découle d'un manque, d'une perte.

Exercice — Mes désirs

Répondez aux questions suivantes.

1. Nommez deux caractéristiques physiques que vous aimeriez avoir.
2. Nommez deux caractéristiques psychologiques que vous aimeriez avoir.
3. Nommez deux objets que vous aimeriez avoir.
4. Qu'arrive-t-il quand vos désirs ne sont pas satisfaits ?
5. Avez-vous déjà perdu quelque chose que vous aimiez beaucoup ?
6. Comment vous êtes-vous senti ?
7. Qu'est-il arrivé par la suite ?

Exercice — Je suis parfois triste

Directive

Dressez une liste de tout ce qui vous donne l'occasion d'être triste. Pour vous aider, vous pouvez penser à la mort, à vos amis, à la température, à la maladie, aux animaux, aux difficultés que vous éprouvez, à votre famille, à ce qui se passe au travail, à ce que vous avez vécu ou à ce qui pourrait arriver à des gens aimés.

À la maison :

Au travail :

À l'extérieur :

Répondez aux questions suivantes.

Qu'est-ce qui vous décourage, vous donne envie de tout lâcher, de ne rien faire ?

Qu'est-ce qui vous donne l'occasion d'être triste, malheureux, d'avoir de la peine ?

Qu'est-ce qui vous amène à être fâché, triste?

Exercice — Réflexion personnelle

1. Durant les prochains jours, trouvez trois occasions où vous vous sentez triste.
   1.
   2.
   3.
2. Notez vos réactions à la suite de chacun des événements.
   1.
   2.
   3.
3. Trois jours après, notez de nouveau vos réactions à propos de ces mêmes événements.
   1.
   2.
   3.
4. Y a-t-il une différence entre vos réactions?

   Si oui, laquelle?
5. Qu'est-ce qui pourrait expliquer cette différence?

Bilan Exercice

1. Qu'est-ce qui vous rend triste (occasions)? ______________________________

____

2. Quels indices vous informent-ils que vous êtes triste? ______________________________

____

3. À quoi pensez-vous quand vous êtes triste? ______________________________

____

4. Comment exprimez-vous votre tristesse? ______________________________

____

5. Cachez-vous votre tristesse? ______________________________

   Comment? ______________________________

____

   Pourquoi? ______________________________

____

Idées qui la causent

- Vouloir avoir plus, différemment, mieux.
- Croire à des pertes d'avantages. * *Ça va finir.*
- Un manque, une insatisfaction, un désir insatisfait.

Caractéristiques

- C'est une période de calme.
- La tristesse est inévitable et c'est la seule de son espèce.
- Une personne ne serait jamais triste si elle n'avait pas de désirs; obtenait satisfaction à tous ses désirs; ne désirait que ce qu'elle obtient; pouvait faire disparaître un désir lorsqu'elle n'obtient pas satisfaction. Comme vous le constatez, c'est impossible. Il en résulte donc une frustration.
- La tristesse est incompatible avec la joie, le bonheur.
- Elle est inutile parce qu'elle ne change pas les événements.

- Elle est «stupide» parce que l'on sacrifie sa joie de vivre pour des choses peut-être désavantageuses.
- Elle est toujours présente quand la personne est frustrée et qu'elle le sait, c'est-à-dire lorsqu'un de ses désirs est insatisfait.
- La tristesse ne plaît à personne ou presque.
- Elle frappe tous ceux qui sont ou se croient frustrés et qui en sont conscients.
- Elle est toujours causée par une idée éternellement douteuse.
- Elle est jugée désagréable.
- La tristesse envers soi signifie: regretter de ne pas avoir dit ou fait quelque chose ou profité de belles occasions; d'avoir donné ou d'avoir trop donné; d'être incapable de se faire bien comprendre.
- La tristesse envers les autres veut dire qu'ils: n'apprécient pas ce qu'on fait pour eux; ne prennent pas soin de nous; ne se préoccupent pas si l'on souffre; n'arrivent pas à nous comprendre; nous négligent.
- Les personnes tristes veulent possiblement que les autres: soient tristes aussi; comprennent très bien leur tristesse; soient sympathiques et non empathiques; soient à leur disposition (présents) quand elles le veulent; voient les choses comme elles.

Exercice — Sujets et occasions de tristesse

Objectif

- Connaître précisément les sujets, les occasions où vous êtes plus à risque de vous causer cette émotion.

Directive

- Si les énoncés à gauche correspondent à votre situation, répondez aux questions.

Je me sens triste	Quoi?	Avec qui?	Où?	Comment?	Pourquoi?
1. J'ai raté une bonne occasion de m'affirmer, de dire non.					

Je me sens triste	Quoi?	Avec qui?	Où?	Comment?	Pourquoi?
2. Je vois mes capacités baisser.					
3. Je me vois vieillir.					
4. Je vois mes parents malheureux, souffrants.					
5. Je vis une séparation affective.					
6. J'ai perdu mon emploi.					
7. Je suis obligé de changer d'emploi, de logement.					
8. Ma mobilité est réduite.					
9. Je ressens une perte de liberté.					
10. Lors d'un anniversaire.					
11. Mon animal est décédé, perdu, malade.					

Je me sens triste	Quoi?	Avec qui?	Où?	Comment?	Pourquoi?
12. J'ai pris conscience d'un mensonge, d'un abus, d'une trahison.					
13. Je suis éloigné de...					
14. En raison d'un décès.					
15. La fin, l'abandon d'un projet.					
16. La perte d'un objet.					
17. La perte d'un ami.					
18. La perte de mes capacités mentales, physiques, de mon pouvoir de séduction.					
19. La méno-pause.					
20. Un vol.					
21. Une perte d'argent.					
22. Une maladie.					

Idées qui causent la tristesse

Exercice

Objectif

- Connaître vos idées qui causent la tristesse.

Directive

- Indiquez si vous croyez aux idées suivantes en cochant l'endroit approprié.

Idées	J'y crois Non Pas du tout			+ ou –			Oui Tout à fait	
	0	1	2	3	4	5	6	7
1. J'aimerais être considéré comme tout le monde.	○	○	○	○	○	○	○	○
2. Je ne peux pas faire ce que je veux.	○	○	○	○	○	○	○	○
3. Si j'étais plus habile pour m'exprimer.	○	○	○	○	○	○	○	○
4. J'ai atteint mon plafond.	○	○	○	○	○	○	○	○
5. Mieux vaut se contenter de ce que l'on a.	○	○	○	○	○	○	○	○
6. C'est ennuyant à la longue.	○	○	○	○	○	○	○	○
7. Je ne suis pas très gâté par...	○	○	○	○	○	○	○	○
8. Ça aurait dû tourner à mon avantage.	○	○	○	○	○	○	○	○
9. Quand je veux agir, des obstacles se dressent devant moi.	○	○	○	○	○	○	○	○
10. C'est ennuyant.	○	○	○	○	○	○	○	○
11. J'ai des choses plus plaisantes à faire.	○	○	○	○	○	○	○	○
12. Tout ce que je dis tombe dans le vide.	○	○	○	○	○	○	○	○
13. J'aimerais jouer un rôle plus important.	○	○	○	○	○	○	○	○
14. Je perds mon temps.	○	○	○	○	○	○	○	○
15. On finit toujours par tourner en rond.	○	○	○	○	○	○	○	○

Idées	J'y crois Non + ou – Oui Pas du tout Tout à fait							
	0	1	2	3	4	5	6	7
16. Que de temps perdu !	○	○	○	○	○	○	○	○
17. Si au moins ils m'écoutaient.	○	○	○	○	○	○	○	○
18. On ne choisit jamais le chemin du bon sens.	○	○	○	○	○	○	○	○
19. Un grande partie de mon énergie passe à pelleter des nuages.	○	○	○	○	○	○	○	○
TOTAL								

Corrigé

- Rejoignez consécutivement tous les points que vous avez cochés, afin de former un graphique.
- Additionnez tous les résultats (ex. : 0 + 2 + 4, etc.). Le minimum est 0 et le maximum est 7.

  TOTAL : ____________________

- Divisez ce résultat par le nombre total de questions, afin d'obtenir une moyenne.

  TOTAL : ____________________

- Reportez ce résultat ci-dessous afin de vous donner un aperçu de votre résultat.

Mes idées causent de la tristesse

0 1 2 3 4 5 6 7

Non |———————————| Oui

Interprétation

Plus votre graphique tend vers la droite, plus vous avez des idées qui vous causent de la tristesse.

Évaluation de la tristesse

Exercice

Objectif

- Évaluer la tristesse que vous ressentez.

Directive

- Indiquez si vous croyez aux idées suivantes ou si vous agissez ainsi en cochant l'endroit approprié.

Idées, comportements	J'y crois, j'agis ainsi Jamais / Pas du tout — + ou – — Toujours / Totalement							
	0	1	2	3	4	5	6	7
1. Je suis sérieux et ris rarement.	○	○	○	○	○	○	○	○
2. Je rumine mes problèmes même en présence des autres.	○	○	○	○	○	○	○	○
3. J'ai une posture affaissée.	○	○	○	○	○	○	○	○
4. Je regarde souvent au sol.	○	○	○	○	○	○	○	○
5. J'ai souvent la tête basse.	○	○	○	○	○	○	○	○
6. Je ne parle pas fort.	○	○	○	○	○	○	○	○
7. Je me plains.	○	○	○	○	○	○	○	○
8. Il y a des choses dont je me passerais avec certains amis.	○	○	○	○	○	○	○	○
9. Je suis tanné de parler dans le vide.	○	○	○	○	○	○	○	○
10. C'est toujours la même chose avec chaque personne.	○	○	○	○	○	○	○	○
11. C'est rare que ça marche à mon goût.	○	○	○	○	○	○	○	○
12. J'ai des raisons pour me plaindre.	○	○	○	○	○	○	○	○
13. Parfois, c'est bien parti et ça tombe.	○	○	○	○	○	○	○	○

Idées, comportements	J'y crois, j'agis ainsi Jamais / Pas du tout — + ou – — Toujours / Totalement							
	0	1	2	3	4	5	6	7
14. Il faut toujours répéter.	○	○	○	○	○	○	○	○
15. C'est difficile de gagner sa vie dans ce métier.	○	○	○	○	○	○	○	○
16. C'est un métier incertain, précaire.	○	○	○	○	○	○	○	○
17. J'aimerais être plus habile.	○	○	○	○	○	○	○	○
18. La plupart du temps, c'est l'autre qui parle.	○	○	○	○	○	○	○	○
19. Ça ne peut pas toujours bien aller.	○	○	○	○	○	○	○	○
20. Souvent, je ne peux rien y faire.	○	○	○	○	○	○	○	○
21. Je réussirais mieux si les gens me faisaient plus confiance.	○	○	○	○	○	○	○	○
22. C'est toujours la même chose, c'est ennuyant à la longue.	○	○	○	○	○	○	○	○
23. Je rate souvent de bonnes occasions.	○	○	○	○	○	○	○	○
24. C'est décevant de compter sur les autres.	○	○	○	○	○	○	○	○

Exercice — Adhésion à des idées peu utiles

Objectifs

- Évaluer votre adhésion à des idées peu utiles.
- Vous inciter à remplacer des idées fausses par d'autres plus utiles.

Directives

- Évaluez votre adhésion aux idées suivantes en cochant l'endroit approprié. Répondez rapidement et honnêtement, c'est pour vous !
- Si vous songez à d'autres, ajoutez-les à la fin de la liste.

Mes croyances (Je me dis que..., je pense que...)	Faux				Vrai			
	0	1	2	3	4	5	6	7
1. C'est l'amour qui manque dans le monde.	○	○	○	○	○	○	○	○
a)								
b)								
2. C'est facile d'être heureux quand on a de l'argent.	○	○	○	○	○	○	○	○
a)								
b)								
3. J'aimerais bien changer quelques personnes.	○	○	○	○	○	○	○	○
a)								
b)								
4. On ne peut pas vieillir et rester heureux.	○	○	○	○	○	○	○	○
a)								
b)								
5. Je mérite bien d'avoir moins de problèmes.	○	○	○	○	○	○	○	○
a)								
b)								
6. Compter sur les autres peut souvent décevoir.	○	○	○	○	○	○	○	○
a)								
b)								
7. Il suffit souvent que je désire quelque chose pour que ça n'arrive pas.	○	○	○	○	○	○	○	○
a)								
b)								
8. Ça doit être agréable d'être compétent.	○	○	○	○	○	○	○	○
a)								
b)								

Mes croyances (Je me dis que..., je pense que...)	Faux					Vrai		
	0	1	2	3	4	5	6	7
9. J'aimerais être très bon dans quelques domaines.	○	○	○	○	○	○	○	○
a)								
b)								
10. La vie est injuste envers moi.	○	○	○	○	○	○	○	○
a)								
b)								
11. Il y a des choses qui n'arrivent qu'à moi.	○	○	○	○	○	○	○	○
a)								
b)								
12. Je fais ce que je peux (je ne peux faire mieux).	○	○	○	○	○	○	○	○
a)								
b)								
13. Parfois, tout va mal.	○	○	○	○	○	○	○	○
a)								
b)								
14. Il y a des gens que l'on doit toujours pousser.	○	○	○	○	○	○	○	○
a)								
b)								
15. Dans la vie, on ne peut tout avoir.	○	○	○	○	○	○	○	○
a)								
b)								
16. Il y a un paquet de choses dont je me passerais.	○	○	○	○	○	○	○	○
a)								
b)								

Mes croyances (Je me dis que..., je pense que...)	Faux				Vrai			
	0	1	2	3	4	5	6	7
Écrivez d'autres idées que vous avez sur le sujet et évaluez-les.								
a)								
b)								
a)								
b)								

Pour toutes les idées que vous avez cotées 6 ou 7, écrivez dans l'espace a) une idée plus vraie qui pourrait la remplacer.

Maintenant, comparez vos réponses avec celles du corrigé qui suit. Écrivez dans l'espace b) une phrase plus vraie qui pourrait vous être utile.

Corrigé

1. Faux.	Le monde est ce qu'il est. Les humains ont des désirs insatisfaits. Chacun peut trouver des choses qu'il aimerait avoir. On ne sait pas ce que serait le monde s'il y avait plus d'amour. L'amour n'est pas la solution à tous les problèmes.
2. Faux.	Cela permet d'atteindre certains objectifs, mais pas tous. Le bonheur n'est pas causé par l'argent. C'est un élément aidant pour certains problèmes.
3. Vrai.	Vous pouvez penser ainsi et vous en avez le droit.
4. Faux.	Le bonheur n'est pas relié à notre âge ou au vieillissement. On peut vieillir et être relativement heureux.
5. Faux.	Personne ne mérite rien.
6. Vrai.	Plus j'ai des attentes, plus je risque d'être déçu. Mieux vaut ne pas trop compter sur les autres.

7. Faux.	La présence du désir n'amène rien et ne repousse rien. Seuls les gestes peuvent changer des choses. Il arrive que l'on se cause du stress qui nous rend moins habiles dans l'atteinte de nos objectifs. Je satisfais des désirs et non d'autres.
8. Douteux.	Tous les humains sont incompétents. Ils possèdent peu de connaissances et d'habiletés et d'une façon temporaire. On ne sait pas si ce serait plus agréable d'être fait autrement.
9. Vrai.	Vous avez le droit d'avoir les désirs que vous voulez.
10. Faux.	La vie n'est ni juste ni injuste. La justice n'existe pas.
11. Douteux.	C'est probablement exagéré. C'est probablement faux. Je ne suis pas totalement unique. Ce qui m'arrive arrive sûrement à d'autres.
12. Faux.	Personne ne donne jamais son maximum s'il reste en vie.
13. Faux.	Certaines choses vont mal. Certains de mes désirs sont insatisfaits. Plusieurs de mes désirs peuvent être insatisfaits, mais pas tous.
14. Faux.	On n'est pas obligé de pousser qui que ce soit. On ne peut pas toujours pousser quelqu'un. Il est parfois utile de pousser des gens et parfois non.
15. Vrai.	C'est inévitable. Je peux être relativement heureux malgré cela. Aucun humain ne peut satisfaire à tous ses désirs.
16. Vrai.	C'est inévitable et vrai pour tout le monde. Ça ne m'empêche pas d'atteindre un certain bonheur. Tous mes désirs ne peuvent être satisfaits.

Comportements

- Lenteur dans la démarche et les gestes.
- Tremblement du menton, de la voix.
- Abaissement de la tête.
- Pleurs.
- Regard fuyant, bas.
- Rumination de ses problèmes.
- Penser et parler de ses moments heureux antérieurement.
- Verbalisation de son désir d'être dans une autre situation.
- Fait de fuir les gens.
- Figure triste (coins de la bouche affaissés).
- Posture affaissée.

- Trouver moins de choses drôles.
- Plaintes fréquentes.
- Critiquer davantage.
- Parler moins fort.
- Articuler moins.
- Fermeture partielle ou plissement des yeux.

Exercice

Inventaire de mes comportements

Objectifs

- Connaître certains de vos comportements.
- Évaluer la fréquence de ces comportements.

Directive

- Évaluez la fréquence des comportements suivants en cochant l'endroit approprié.

Comportements	J'adopte ce comportement Jamais Parfois Souvent							
	0	1	2	3	4	5	6	7
1. Je pleure.	○	○	○	○	○	○	○	○
2. Je m'abstiens de rire.	○	○	○	○	○	○	○	○
3. J'ai le regard fuyant, bas.	○	○	○	○	○	○	○	○
4. J'ai des gestes lents.	○	○	○	○	○	○	○	○
5. Je rumine mes problèmes.	○	○	○	○	○	○	○	○
6. Je pense et parle de mes moments heureux antérieurs.	○	○	○	○	○	○	○	○
7. Je verbalise mon désir d'être dans une autre situation.	○	○	○	○	○	○	○	○
8. Je fuis les gens.	○	○	○	○	○	○	○	○

Comportements	J'adopte ce comportement Jamais			Parfois			Souvent	
	0	1	2	3	4	5	6	7
9. J'ai une figure triste (coins de la bouche affaissés).	○	○	○	○	○	○	○	○
10. J'ai une posture affaissée.	○	○	○	○	○	○	○	○
11. Je trouve moins de choses drôles.	○	○	○	○	○	○	○	○
12. Je baisse la tête.	○	○	○	○	○	○	○	○
13. Je regarde au sol.	○	○	○	○	○	○	○	○
14. J'ai facilement la larme à l'œil.	○	○	○	○	○	○	○	○
15. Je me plains plus souvent.	○	○	○	○	○	○	○	○
16. Je critique davantage.	○	○	○	○	○	○	○	○
17. Je parle moins fort.	○	○	○	○	○	○	○	○
18. J'articule moins.	○	○	○	○	○	○	○	○
19. J'ai les yeux à demi fermés.	○	○	○	○	○	○	○	○
TOTAL								

Corrigé

- Rejoignez consécutivement tous les points que vous avez cochés, afin de former un graphique.
- Additionnez tous les résultats (ex.: 0 + 2 + 4, etc.). Le minimum est 0 et le maximum est 7.

TOTAL: ____________________

- Divisez ce résultat par le nombre total de questions, afin d'obtenir une moyenne.

TOTAL: ____________________

- Reportez ce résultat ci-dessous afin de vous donner un aperçu de votre résultat.

Je suis découragé

0 1 2 3 4 5 6 7

Un peu triste |——————————| Très triste

Interprétation

Plus votre résultat est élevé et tend vers la droite, plus vous avez la possibilité d'être triste.

Directives

- Écrivez à gauche les comportements les plus nuisibles que vous voulez changer.
- Écrivez à droite les comportements qui vont les remplacer.

Comportements nuisibles	Comportements utiles

Effets

- La tristesse est plus acceptable sur une courte période. Si elle se maintient, elle devient une cible utile à l'intervention.
- Le désappointement est une variante de la tristesse. On utilise ce mot quand la personne s'attendait à ressentir de la joie, de la satisfaction et que cela ne se produit pas ou ne s'est pas produit. C'était imprévisible pour elle.
- En raison de l'inconfort ressenti, la tristesse peut conduire à des gestes utiles afin de modifier la situation et obtenir d'autres plaisirs.
- Les gens ont tendance à fuir les personnes tristes.
- La tristesse est d'une certaine utilité parce qu'elle facilite l'expression de son déplaisir relativement à des événements. Son inconfort peut pousser à agir et à modifier des choses. Dans ce sens, elle est moins nuisible que la dépression.
- Elle diminue la satisfaction et le bonheur.
- Elle amène des gens à prendre de mauvaises décisions (* *se marier parce que l'on s'ennuie*).

- Elle est souvent ressentie pour prouver son amour, pour recevoir de l'attention et de la sympathie (* *lors d'un deuil*).
- Dans un sens, la présence de la tristesse est préférable à d'autres émotions, notamment parce qu'elle est normale et moins dommageable. Elle donne aussi des signes d'une prise de conscience et d'une acceptation de la situation. C'est à conseiller dans les cas où la situation ne peut pas être changée. Elle est souvent le dernier obstacle à franchir avant le bien-être.
- Elle peut être paralysante si elle est intense et prolongée et pousser la personne à s'isoler, à se renfermer sur soi.
- La tristesse pousse la personne à chercher le réconfort d'un être aimé.
- Elle attire la sympathie, l'empathie.
- Elle peut pousser à la passivité, à l'inhibition, à la rumination.
- La tristesse reflète une image de lassitude, de faiblesse.
- Elle peut causer une hypersensibilité envers tout ce qui rappelle les occasions tristes.

Intervention

Pour éviter la tristesse, il faudrait : ne rien désirer et ne rien concevoir d'avantageux et d'utile ; être le maître complet de ses idées et ne jamais évaluer les choses ; ne désirer que ce qui nous arrive ; s'enlever des occasions d'avoir des pensées attristantes (* *enlever les photos, oublier les dates, se débarrasser de certains objets*) ; reconnaître que la douleur peut parfois être utile.

Parmi les stratégies à adopter, on trouve : en parler brièvement ; accepter de se faire consoler ; accepter de se faire toucher ; dire ce qui nous manque ; éviter les occasions qui la favorisent (* *situation, personne*) ; se retirer de la situation (* *ex-amoureux*).

Pour changer la tristesse, il existe quatre moyens :

1. Changer le désir (* *trouver des inconvénients à la suite de l'obtention du désir, trouver des avantages à la suite de la non-satisfaction du désir*) ;
2. Confronter l'idée. Toutefois, la réponse est toujours douteuse. Est-ce nuisible ce qui m'arrive ? ;
3. Modifier les choses afin d'obtenir ce que l'on désire ;
4. Si rien n'est possible ou si c'est trop coûteux, tenter d'y penser le moins possible ou ne pas l'entretenir.

Questions de confrontation

Exercice

1. Puis-je démontrer avec certitude qu'il s'agit bien là d'une mauvaise affaire pour moi?
2. Quels sont les désavantages réels?
3. Ne puis-je percevoir aucun avantage à court, à moyen ou à long terme?
4. Aurais-je continué à avoir ces avantages?
5. Que serait-il arrivé si...?
6. Puis-je être certain qu'un événement est avantageux ou nuisible?
7. Pourrais-je jamais être certain que cette situation est avantageuse ou désavantageuse pour moi?
8. Mon évaluation peut-elle changer avec le temps?

« Mieux vaut s'amuser dans un monde imparfait que de prier pour un autre qui n'existe pas. »

- La confrontation peut diminuer l'intensité et la durée de la tristesse, mais elle ne peut pas la faire disparaître complètement.

- Elle peut être difficile à affronter parce qu'il est possible que cela soit nuisible pour la personne.
- La tristesse est rarement une cible prioritaire d'intervention.
- Les pleurs sont souvent provoqués par de la pitié envers soi-même.
- La personne qui est souvent triste croit parfois qu'elle est digne de souffrir.

Idées réalistes

- La tristesse ne peut pas être toujours évaluée précisément.
- La tristesse n'est jamais causée par les autres.
- La tristesse est inévitable lorsque la frustration est présente et consciente.
- Les occasions d'être triste sont nombreuses ; c'est souvent utile de les fuir.
- Nous avons une idée vague du passé.
- Nous percevons partiellement et parfois d'une façon déformée le présent.
- Nous ignorons pratiquement tout du futur.
- Il est impossible de savoir avec certitude ce qui se passera, ce qui se serait passé à la place de..., car cela n'existe pas et ce n'est pas arrivé.

Solutions

La solution à la tristesse est simple et connue. Elle passe par la réduction de nos désirs ; par la confrontation de nos idées, ce qui nous permet de modifier la fausse croyance, à savoir que ce qui nous arrive est nuisible, mauvais. Il s'agit ensuite d'acquérir celle-ci : nous ne savons pas quels seront à moyen et à long termes les avantages et les inconvénients de ce qui nous arrive. Il s'agit en somme de jeter notre boule de cristal et d'avouer que nous ne pouvons pas savoir les effets à venir. Dit autrement : avouons simplement notre ignorance.

Nous pouvons gâcher notre bonheur à propos d'événements dont nous ne savons pas s'ils sont avantageux ou nuisibles pour nous. Il faut donc y voir.

Conclusion

Connaître les émotions que nous ressentons est une tâche ardue. Peu importe nos efforts, le succès ne sera jamais total. De plus, cette connaissance exige de l'expérimentation. Il faut percevoir, ressentir pour apprendre. Or, plus nous ressentons et plus nous devenons subjectifs ; plus les émotions sont intenses et moins nous sommes capables de prendre du recul, de nous observer avec objectivité et de nous évaluer avec lucidité. En somme, ce dont nous avons besoin pour faire et ce qui nous empêche de faire correctement ce que nous voulons.

Nous serons donc toujours condamnés à un succès partiel, ce qui vaut mieux que rien du tout, c'est-à-dire l'insouciance, l'ignorance, la naïveté qui, parfois, n'exige pas d'efforts, mais qui n'apporte aucun résultat. Céder, nous décourager devant cette tâche de connaître nos émotions nous prive aussi de notre liberté d'améliorer notre sort. Et cela peut faire la différence entre une vie misérable de marionnette et la vie d'un humain qui parvient à avoir une vie satisfaisante et souvent agréable, du moins temporairement. Alors, pourquoi pas !

Table des matières